PATRICIA SPADARO

HONRE À SI MESMO

Aprenda a dizer n
e encontre a paz interior

Tradução
Doralice Lima

NOVA ERA

CIP-BRASIL. CATALOGAÇÃO-NA-FONTE
SINDICATO NACIONAL DOS EDITORES DE LIVROS, RJ.

Spadaro, Patricia R.
S722h Honre a si mesma / Patricia Spadaro; tradução: Doralice Lima. – Rio de Janeiro: Nova Era, 2012.

Tradução de: Honor yourself
ISBN 978-85-7701-371-5

1. Generosidade. 2. Autorrealização (Psicologia). 3. Empatia. 4. Compaixão. 5. Amor. I. Título.
12-1447. CDD: 158
CDU: 159.947

Texto revisado segundo o novo Acordo Ortográfico da Língua Portuguesa.

Título original norte-americano
HONOR YOURSELF

Capa: Marianne Lépine
Editoração eletrônica: FA Studio

Direitos exclusivos de publicação em língua portuguesa para o Brasil adquiridos pela
EDITORA BEST SELLER LTDA.
Rua Argentina, 171, parte, São Cristóvão
Rio de Janeiro, RJ – 20921-380
que se reserva a propriedade literária desta tradução.

Impresso no Brasil

ISBN 978-85-7701-371-5

SUMÁRIO

PARTE 4

VALORIZE-SE E VALORIZE A SUA VOZ PRÓPRIA

PARA REFLEXÃO

CHAVES PARA ALCANÇAR O EQUILÍBRIO

Para os sábios do Oriente e do Ocidente
que me ensinaram que a maior dádiva
que posso dar é me doar

PARTE UM

SATISFAÇA *e* RESPEITE SUAS NECESSIDADES INTERIORES

Podemos percorrer o mundo todo sem jamais encontrar alguém mais digno de amor do que nós mesmos.

— Buda

Apesar de sermos solicitados a nos doar com alegria, a vida também exige que dominemos a arte do equilíbrio. Temos o dever de doar não apenas aos outros, mas a nós mesmos e de nos considerarmos dignos de receber. Temos o dever de honrar os outros *e* a nós mesmos. Por que isso é tão difícil? Porque herdamos mitos profundamente enraizados sobre a generosidade e eles nos aprisionam numa visão desequilibrada da vida. É como tentar andar numa corda bamba usando uma camisa de força. Não temos liberdade para nos mover um pouco para lá e para cá, de modo a recobrar o equilíbrio. Para esse dilema existe uma saída que vai além dos mitos e alcança a mágica de honrar a nós mesmos. A saída começa onde começa toda sabedoria – por um paradoxo.

CAPÍTULO 1

O JOGO *do* PARADOXO

Eu me contradigo?
Pois bem, me contradigo,
(Sou grandioso, contenho multidões.)
— Walt Whitman

A vida raramente é uma questão de tudo ou nada. Em princípio, e na prática, a vida é cheia de contradições — paradoxos. Ela é o ato de equilibrar tensões conflitantes que competem por nosso tempo, nossa energia e nossa atenção, como se procurassem desesperadamente convencer-nos de que precisamos optar por uma delas.

Diariamente encaramos esses dilemas. Devemos dedicar mais tempo à família ou à carreira? Devemos fazer experiências e assumir riscos ou fazer o que sempre fizemos? Nossos filhos precisam de mais liberdade ou de mais controle? Devemos sair de casa ou permanecer junto àqueles que amamos? É melhor colaborar ou competir? Administrar ou orientar? Agir por conta própria ou procurar ajuda? Ser generoso ou impor limites? Ficar calado ou reagir?

De acordo com as antigas tradições, as tensões não são apenas parte natural da vida — elas *são* a vida. A tensão dinâmica entre os opostos é precisamente o que dá origem e sustenta os elementos de nosso universo, em eterna mudança e evolução. A interação dos opostos, simbolizada pelo vórtice preto e branco no círculo do tai chi, exemplifica o princípio universal de que uma das partes do par opositivo não pode existir sem a outra.

Os dois lados da imagem completam o círculo da totalidade. Precisamos ter o dia e a noite, o masculino e o feminino, o movimento e a imobilidade, o hemisfério direito e o hemisfério esquerdo do cérebro, os detalhes e o todo, o foco e a flexibilidade. Se não existisse a interação dinâmica entre esses pares poderosos, só haveria estagnação, decadência e, finalmente, a morte. A tensão criativa, ou o que chamo de jogo do paradoxo, é absolutamente essencial para se viver e crescer.

O FIO DE OURO

O que é paradoxo? É algo que envolve dois elementos, verdades, princípios ou perspectivas aparentemente contraditórias, porém ambas verdadeiras. "Aquele foi o meu pior e o meu melhor momento", "Todos os grandes líderes são servidores" e "Quanto mais aprendemos, mais ficamos conscientes de nossa ignorância" — estas afirmações são paradoxos. Grande parte do mistério e do significado, da comédia e da tragédia da vida tem por base um paradoxo. Seus mais entusiásticos defensores são os cientistas — que ainda tentam resolver os paradoxos da física —, os comediantes — que ganham a vida revelando as inconsistências do dia a dia — e os místicos, segundo os quais somos capazes de entrever lampejos do mundo espiritual enquanto nos movemos no mundo físico — o maior de todos os paradoxos.

Os sábios do Oriente e do Ocidente, com frequência, falam da experiência de estar aprisionado dentro de um paradoxo. Eles descrevem essa condição de maneiras que nos desafiam a transcender a limitação de nosso pensamento. Eles nos dizem que as tensões conflitantes da vida não são contraditórias, mas complementares; não são mutuamente exclusivas, mas mutuamente inclusivas. Eles afirmam que a vida não é uma questão de isto *ou* aquilo, mas de isto *e* aquilo.

O paradoxo, como um fio dourado, está tecido na trama das tradições espirituais do mundo. São Francisco, por exemplo, destacou essa questão quando afirmou: "É dando que se recebe [...] e é morrendo que se nasce para a vida eterna." Buda ensinou a seus discípulos que buscar refúgio na *sangha* (a comunidade) é vital para o crescimento espiritual, mas também aconselhou, enigmaticamente: "Não busque refúgio em ninguém que não seja você mesmo." Lao Tze, o sábio chinês que fundou o taoísmo, ensinava: "Estar vazio é estar cheio [...] Ter pouco é possuir", e Jesus avisava: "Sede, portanto, prudentes como as serpentes *e* inocentes como as pombas."

Será que esses grandes mestres estavam confusos? Alguém cometeu um erro quando traduziu suas palavras? Nada disso. O paradoxo permeia os escritos e as vidas dos sábios. Na verdade, uma das maiores lições que eles vieram nos trazer é o conceito de que não podemos ignorar ou afugentar as tensões entre os opostos porque é dessa forma que o universo trabalha. Rumi, o místico sufi, resumiu essa questão quando afirmou que Deus "ensina por meio dos opostos para que possamos ter duas asas para voar e não apenas uma".

Os paradoxos estão aqui para ficar. *Não podemos fugir deles; só podemos aceitá-los e nos tornar unos com eles.* Porque, na realidade, os aparentes opostos são dois lados da mesma moeda, feitos para viver em harmonia.

O princípio do paradoxo não é exclusividade de qualquer religião. Sejam quais forem nossos antecedentes ou a tradição que adotamos, iremos deparar com ele. Segundo os sábios, nosso papel é aprender a fluir com os ritmos da vida à medida que o universo nos pede para priorizar em nossa existência, na hora certa e no lugar certo, um ou outro lado do paradoxo. Como disse um pandita iluminado: "Abençoados sejam os flexíveis, pois não serão dobrados até ficarem disformes."

CRIAR SUCESSOS, EM VEZ DE FRACASSOS

O que acontece quando não aceitamos os dois lados do paradoxo? Em vez de dar origem a sucessos, criamos fracassos. Se nos recusamos a dar lugar a nossas necessidades físicas, o corpo poderá entrar em colapso e nos mandar para uma cama de hospital, onde seremos obrigados a ouvi-lo. Por outro lado, se dermos atenção apenas às necessidades materiais e não cultivarmos o espírito, a alma começará a sofrer e poderemos cair em depressão, sem saber por quê. Em suma, quando perdemos o equilíbrio, ficamos mancos. É como se nos sentássemos numa das pontas de uma gangorra e batêssemos no chão, porque nosso parceiro subitamente saiu e nos deixou sozinhos. Batemos no chão porque não há ninguém do outro lado para criar movimento.

Acredito que a maior causa de estresse é nossa incapacidade de reconhecer e participar do jogo dos paradoxos. O que normalmente nos deixa presos a um lado do paradoxo são os mitos que aprendemos e com os quais nos sentimos à vontade. Nós nem mesmo sabemos que eles são mitos porque, automaticamente, os aceitamos como verdades. Eles têm por base premissas que assumimos sobre a maneira como o mundo funciona. Como camisas de força, esses mitos nos impedem de olhar em torno e ver o outro lado da equação. Eles nos fazem acreditar que não temos escolha.

Quando perdemos o equilíbrio, a vida manda seus mensageiros, na forma de circunstâncias, pessoas ou acontecimentos, para nos trazer de volta à estabilidade. Naturalmente, faz parte da natureza humana querer fugir na direção oposta e até mesmo "eliminar" os mensageiros, para não ter que ouvir a mensagem. No entanto, isso nunca dá certo. Os mensageiros continuam a vir até que paremos, escutemos e aceitemos o convite para dançar.

Este livro explora um dos muitos paradoxos da vida: o dar e receber. Em quase todas as áreas de nossa vida, somos solicitados a aprender a delicada dança do dar e receber. Isso ocorre quando lidamos com aspectos de abundância, autovalorização, saúde, relacionamentos, carreira e, também, da descoberta de nossos reais talentos, para mencionar apenas alguns. Em essência, o paradoxo de dar e receber diz respeito à questão fundamental, que é um desafio para muitos de nós: *Como equilibrar as necessidades dos outros com as nossas necessidades? Para favorecer os outros, eu realmente preciso abrir mão de mim mesmo?*

Desde o início, devo deixar claro que ter respeito por si mesmo *não* é o mesmo que se mimar. Também não é dar as costas a quem precisa de nós. As questões relacionadas com o dar e o receber são muito mais profundas. Ao valorizar-se, você respeita, aprova e dá origem ao melhor em si, para poder dar criativamente — e com generosidade — de maneiras que valorizem os outros.

Embora a sociedade moderna não esteja preparada para nos levar de volta ao equilíbrio, os sábios do Oriente e do Ocidente são especialistas nessa arte. Ao longo destas páginas você descobrirá os conselhos práticos e, às vezes, surpreendentes desses sábios para se dominar a arte de dar e receber. Você aprenderá a reconhecer os mitos que nos fazem reféns — que, como viseiras, nos impedem de viver uma vida cheia de possibilidades e paixão. Você aprenderá o significado de valorizar seus talentos e sua grandeza enquanto explora a dinâmica interior de doar com o coração e não com o cérebro, estabelecendo limites, localizando honestamente as pessoas prejudiciais em sua vida, usando os sentimentos para permanecer fiel a si mesmo, descobrindo a própria voz e valorizando os finais. Mais importante ainda será aprender os passos para permanecer em equilíbrio, pois quando aprendemos os passos somos capazes de dançar, e é aí que começa a mágica.

RECUPERAR O RITMO

Estamos todos numa aula de dança, buscando aperfeiçoar um ou outro movimento. Somos todos alunos, aprendendo novas formas de nos movermos em harmonia com os ritmos da inconstante música da vida. À nossa própria maneira, também somos todos professores, compartilhando com os outros o que aprendemos. Paradoxalmente, também costumamos ensinar o que mais precisamos aprender. Verifiquei essa verdade ao estudar todos os tópicos para os livros que escrevi, e este livro não é diferente. Diariamente, aprendo o que significa glorificar a mim mesma e ao que há de melhor em mim.

Dependendo do dia e da dança, ainda tropeço e perco a sintonia. Ainda preciso parar, respirar fundo algumas vezes e recuperar o sincronismo com o ritmo da música. Mas estou aprendendo, e isso é o que conta para aqueles instrutores incrivelmente pacientes que me orientam e, às vezes, me arrastam pelo salão. Estou certa de que com a prática dançarei melhor, mas também sei que sempre continuarei a aprender. Estarei sempre aperfeiçoando novos passos, que respeitem e honrem meus talentos.

Portanto, de forma verdadeiramente paradoxal, posso dizer que escrevi este livro para você *e* para mim. Em parte, ele reflete minha própria viagem e as descobertas que considerei tão valiosas que merecem ser compartilhadas com você. Nenhum livro tem todas as respostas ou pode ensinar todos os truques, mas espero que este o ajude a entender melhor as reviravoltas da vida. Espero que ele mostre como continuar a caminhar com suavidade quando a vida lhe der uma rasteira. E espero que ele o ajude a sorrir e relaxar mais, para poder simplesmente desfrutar da dança.

CAPÍTULO 2

EM BUSCA DO EQUILÍBRIO

Quando não estamos em contato conosco,
não conseguimos estabelecer contato com os outros.
— Anne Morrow Lindbergh

"Sou bom quando estou doando aos outros. É melhor dar do que receber." Mito ou mágica?

Embora muitos de nós tenhamos crescido acreditando que é nosso dever solene doar-nos aos outros de forma irrestrita, isso é apenas parcialmente verdadeiro — trata-se de um mito que nos impede de viver com alegria e dar plenamente. Em vez disso, pense no que disseram os grandes sábios do mundo: você tem o dever de dar aos outros e de dar a si mesmo. Quando precisar, você também deve receber. Esse conselho parece óbvio, mas quantos de nós conseguem chegar pelo menos perto do topo de nossas copiosas listas de afazeres?

Os princípios de dar e receber que se aplicam à nossa vida diária não são diferentes dos princípios que operam na natureza ao nosso redor. De acordo com o poeta romano Ovídio, "o solo que descansou produz uma colheita generosa". A terra precisa receber bastante sol, água e nutrientes antes de transformar as sementes que plantamos numa colheita generosa. Depois de dar à luz a colheita, o solo precisa descansar e restaurar sua força vital para poder dar novamente. O mesmo vale para nossa vida. Como podemos dar aos outros se não nos nutrirmos e restaurarmos?

Talvez você não tenha pensado nisso antes, mas essa pergunta está estruturada no primeiro princípio que ensinamos às crianças — a regra de ouro. Essa regra pode ser encontrada em todas as tradições do mundo. O Mahabharata, o antigo épico indiano, postula: "Não faça aos outros nada que lhe cause dor se for feito a você." O islamismo afirma que o verdadeiro crente "deseja para seu irmão o que deseja para si mesmo" e o cristianismo ensina a "amar o próximo como a si mesmo". No entanto, se vamos amar e cuidar dos outros como (ou seja, da mesma forma que) amamos e cuidamos de nós mesmos, o que será dos outros se nós nos tratarmos sem amor e afeto? Em outras palavras, não podemos amar e respeitar os outros se não amarmos e respeitarmos a nós mesmos.

MITO:

É meu dever sempre dar aos outros.

MÁGICA:

É meu dever dar a mim mesmo e também aos outros.

Se eu for generoso comigo, serei generoso com os outros.

Então, aqui encontramos o primeiro paradoxo da arte pessoal de dar e receber — *é quando nos amamos e cuidamos de nós mesmos que somos capazes de amar e cuidar dos outros.* Como em todos os paradoxos, os dois conceitos aparentemente opostos não são mutuamente excludentes, mas mutuamente inclusivos.

Existe o momento para dar e o momento para receber. O Eclesiastes, também conhecido como "o Preletor", nos diz (nas palavras popularizadas pela canção de Pete Seeger): "Para tudo há uma ocasião certa; há um tempo certo para cada propósito debaixo do céu: tempo de nascer e tempo de morrer, tempo de plantar e tempo de arrancar o que se plantou; (...) tempo de espalhar pedras e tempo de ajuntá-las, tempo de abraçar e tempo de se conter." Cabe a nós reconhecer que ocasião estamos vivendo no momento e respeitar o que a ocasião pede.

APRENDER A DAR A SI MESMO

Alguns de nós somos fantásticos doadores, mas não recebemos bem. Não pedimos ajuda, não admitimos para nós mesmos ou para os outros que precisamos de auxílio. Nem mesmo gostamos de receber elogios. Vivemos de um lado do paradoxo ("Tenho o dever de ser generoso para com os outros."), mas nos esquecemos do complemento ("Tenho o dever de dar a mim mesmo."). Quando isso acontece, o universo toma a iniciativa de nos despertar para criar o equilíbrio e para mostrar-nos que precisamos também reverenciar a nós mesmos.

Não importa quem somos, a vida automaticamente nos ensina a arte de dar e receber, e essas lições, em geral, começam por aquilo que podemos ver e tocar — nosso corpo. Começam pelas perguntas: *Você se ama o suficiente para respeitar as necessidades do seu corpo? Você se proporciona o alimento, o repouso e a recreação que merece?*

Se você não se proporcionar essas coisas de boa vontade, seu corpo acabará por garantir que você o faça. Vi isso acontecer com uma conhecida que encontrava algumas vezes por ano em reuniões de trabalho. Em um desses encontros, perguntei como ela se sentia, sabendo que se recuperava de uma cirurgia recente. Ela respondeu, franzindo a testa: "Estou bem, mas estou novamente atarefada. Se não descansar um pouco bem depressa, terei de programar outra visita ao hospital!" Meu coração deu um salto quando entendi que ela poderia muito bem ter de cumprir essa profecia. Ela não tinha aprendido a lição que o corpo tentara ensinar da primeira vez.

Essas lições não são novidade para mim. Quando eu estava me recuperando de minha própria estadia inesperada no hospital, uma amiga enfermeira insistiu em passar pelo meu quarto algumas vezes por dia para ter certeza de que eu tinha tudo o que precisava. Ela via minha dificuldade para ficar quieta e aceitar o fato de que precisava descansar, portanto, nomeou-se meu anjo da guarda por uma semana. Eu insistia em dizer que me sentia bem e que não havia motivo para não me levantar. Além disso, tinha muito a fazer. Ela não aceitou isso. Olhando diretamente nos meus olhos, determinou: "Neste momento, o que você tem a fazer é ficar quieta e relaxar."

Em seguida, revelou que estava apenas passando adiante a lição que aprendeu quando ficou doente. Tal como eu, ela quis sair da cama e ir à luta. Porém sua mentora, surpreendendo-a fora da cama, mandou-a imediatamente para baixo das cobertas: "É o seu lugar", afirmou. "Você é enfermeira há tanto tempo que acha que deve estar sempre cuidando dos outros. Agora precisa aprender a receber." Eu conseguia me identificar com essa ideia. Suspeitava de que minha mania de trabalhar tanto por tanto tempo era parcialmente responsável por minha estadia no hospital. Depois que minha amiga saiu, eu me recostei, fechei os olhos e imediatamente caí no sono. Ela estava certa. Meu corpo não estava pronto para começar a servir novamente.

Embora nos tenham ensinado a pensar que a espiritualidade nos estimula a desviar a atenção do corpo e do mundo material para o que é "espiritual", dentro dessa lógica existe um conceito equivocado — uma falácia sobre a qual fomos avisados pelos melhores instrutores do mundo. Esses instrutores nos dizem que, se quisermos estabelecer contato com nosso potencial interior, também precisamos cuidar de nosso corpo.

Por exemplo, o rabino Nachman, de Bratislava, preconizava "Fortalecer o corpo antes de fortalecer a alma". Mais de 2 mil anos depois essa mesma percepção levou o fundador do budismo a criar uma das pedras fundamentais de sua filosofia — o Caminho do Meio. Sidarta Gautama, um príncipe indiano, abandonou a esposa e os filhos pequenos para buscar mais do que as riquezas e o prazer material. Durante seis anos ele foi asceta, acreditando que a prática de uma intensa austeridade o levaria a concretizar sua meta de iluminação. Privando-se da nutrição necessária, ele ficou tão fraco que um dia quase morreu de fome.

Felizmente, uma jovem encontrou Gautama e ofereceu-lhe uma tigela de nutritivo leite de arroz. Percebendo que os sacrifícios e as práticas severas não lograram aproximá-lo do estado de iluminação, ele recebeu o alimento com gratidão.

Fortalecido, Gautama se comprometeu a meditar sob uma árvore até alcançar a iluminação. Durante essa prova, o príncipe enfrentou muitas tentações, porém, com sua força restabelecida, conseguiu, por fim, alcançar seu objetivo. Depois do despertar da consciência, seu primeiro ensinamento foi o fato de que somente quando seguimos o Caminho do Meio — evitando tanto os extremos da indulgência quanto os extremos da privação — podemos alcançar a iluminação; na verdade, podemos alcançar qualquer meta profundamente desejada.

O princípio universal do equilíbrio no Caminho do Meio vale para nós, nos dias atuais, tanto quanto valia para quem o escutou diretamente dos lábios do Buda. Também precisamos ponderar se nossos sacrifícios extremos e os hábitos que, em nossa opinião, nos tornam "bons" realmente nos aproximam da realização e do sentido que buscamos na vida. Você sacrifica as necessidades do corpo porque adotou o mito de que "meu principal e único dever é servir aos outros"? Você ignora os avisos e os mensageiros que tentam levá-lo de volta ao equilíbrio? Você pensa no seu corpo como algo que deve amar?

Nora, uma bioquímica e pesquisadora, descobriu que mudar a forma como via o corpo mudou sua vida. Durante anos Nora encarou sem sucesso todo tipo de dieta e regime. Quando teve um problema sério de saúde, disse a si mesma que aquilo era a gota d'água. Era preciso entrar em forma, agora ou nunca.

Vamos avançar três meses. Foi quando encontrei uma nova Nora, com um sorriso de triunfo no rosto. Ela surpreendeu a si mesma e aos amigos perdendo mais peso do que jamais pensou ser possível num período tão curto. "Tenho uma tendência a ficar muito dentro da minha cabeça", admitiu.

"Nunca investi muito tempo em dar atenção ao meu corpo. Quando comecei a fazer o que era bom para mim fisicamente, vi que não era preciso perder peso, mas amar meu corpo. E isso fez toda a diferença. Ter cuidado com a alimentação não é difícil quando se pensa dessa maneira."

Não é preciso ficar obeso para se identificar com Nora. Com o ritmo alucinado de nossa vida, quando alguma coisa precisa ser sacrificada, em geral é o nosso corpo que leva a pior: deixamos de fazer refeições, almoçamos de passagem numa lanchonete, tomamos estimulantes em excesso ou nunca conseguimos fazer exercícios físicos. O problema é que, quando não mantemos o corpo em equilíbrio, a mente, as emoções, o espírito, os relacionamentos, todo o resto de nós também sofre.

No livro *Zorba, o grego*, há uma passagem que resume a importância de cuidar do corpo. O espontâneo Zorba nunca faz qualquer coisa sem total entrega e paixão. O patrão do grego ainda precisava conhecer as alegrias desse estilo básico de vida. Quando o patrão, com a cabeça mergulhada num livro e nas nuvens, afirma que não está com fome e não quer a refeição deliciosa que o empregado acabou de preparar, este exclama: "Mas o senhor não comeu nada desde cedo. Seu corpo tem uma alma, também; tenha piedade dela. Dê ao corpo algum alimento, patrão, dê-lhe alguma coisa. Ele é seu animal de carga, o senhor sabe. Se não alimentá-lo, ele o abandonará no meio da estrada."[1]

A ILUSÃO DE ESTAR EM PLENITUDE

Outro mito que nos impede de nos dar a atenção que merecemos é o conceito de que atividade é força — quanto mais malabares conseguimos manter no ar, mais fortes somos.

Enquanto parecemos ter a capacidade de continuar em movimento, acreditamos que podemos fazer qualquer coisa. Achamos que somos membros daquela espécie especial feita para servir e, diferente dos outros, não precisamos repousar. Na verdade, nós nos iludimos. O fato é que, em geral, quanto mais acelerados somos, menos energia realmente temos.

Brendan Kelly, um acupunturista e herbalista especializado na acupuntura chinesa dos cinco elementos, explicou-me como isso acontece, porque, admito, sou uma dessas pessoas que enganam a si mesmas. As tradições de cura têm muitas maneiras de ver como a energia opera no corpo e em nossa vida. O que se segue é apenas uma interpretação da visão clássica chinesa sobre o funcionamento integrado do corpo, da mente e do espírito. Essa visão está calcada na ideia de que o corpo, naturalmente, precisa de ciclos alternados de atividade e repouso para poder restaurar seu reservatório de força.

Uma abundância de atividade em nossa vida cria o que a medicina chinesa define como "calor" no corpo. O calor que produzimos com a atividade constante esgota o "agente refrigerante" do corpo, necessário para manter os recursos e as reservas internas. Quando usamos uma quantidade excessiva de reservas e ficamos com mais calor do que o "refrigerante", podemos começar a apresentar uma série de sintomas que vão da ansiedade e insônia até o fogacho, o rubor e a temperatura elevada em alguma parte do corpo. "Esse agente refrigerante é o que os chineses chamam de energia yin, a qual é uma das fontes, embora não a única, de paz interior e de sabedoria profunda", explica Brendan. "O que acontece quando esgotamos esse refrigerante é que sacrificamos a possibilidade de alcançar a paz interior e a sabedoria, trocando-as pela atividade de curto prazo."

Em outras palavras, segundo Brendan, se mantivermos nossa vida cheia de atividade, sem tempo para restaurar as energias, criaremos "uma carência de paz interior e perderemos a capacidade de ouvir quem somos". Como podemos esperar, é possível reconstruir a energia yin (agente refrigerante) se relaxarmos e criarmos um estado de quietude, seja por meio de mais períodos de repouso e de sono, seja pela prece ou meditação ou, ainda, pelo uso de certas terapias de cura.

Agora, vejamos como nos enganamos: quanto menos força ou recursos interiores tivermos, mais podemos sentir uma inadequação, como se não tivéssemos o suficiente para manter a atividade. Ninguém gosta dessa sensação, portanto, a tendência será aplicar ainda mais esforço para compensá-la. Nós nos encharcamos de estimulantes, enchemos os dias com atividade e criamos mais movimento externo. Tudo isso mascara o sentimento de que estamos na verdade pedalando no vazio. A atividade, o movimento e os estimulantes encobrem a carência interna e criam a ilusão de que temos mais energia do que realmente possuímos. Nossa acelerada cultura moderna aumenta essa ilusão quando promove a atividade constante. Somos muito hábeis na criação de todo tipo de produtos e poções que nos ajudam a continuar em movimento. Porém, o tempo todo, a agitação interna que chamamos de energia não é energia real. Na verdade, ela indica uma falta de energia real.

"O calor adicional no corpo nos dá a impressão de que temos mais energia", comenta Brendan, "mas não temos mais energia — só temos mais calor. Quando, em vez de energia, usamos o calor como estímulo, o que perdemos é o sentimento de bem-estar." Qual a diferença entre isso e um estado em que estamos realmente cheios de energia e completos?

Quando temos uma grande quantidade de recursos internos, não corremos de um lado para outro. Ficamos em paz e temos estabilidade interna, porque nos sentimos plenos e seguros. Cuidamos do que precisa ser feito, mas não somos consumidos pela necessidade compulsiva de superar o que nosso corpo pode render naquele momento, porque sabemos que não é possível continuar a servir aos outros se não estivermos num estado de plenitude.

MITO

Meu impulso para ficar em atividade e minha capacidade de fazer mais mostram que sou forte.

MÁGICA

A quietude cria a força.

Uma imagem clássica que, às vezes, é usada como analogia para esse processo é uma chama (calor) sob uma tigela (o corpo) que contém água (o refrigerante yin). A chama aquece a água, gerando vapor, o qual representa o que os chineses chamam de ch'i, a energia vital ou força essencial vital. O ch'i é a energia que nos sustenta e de que precisamos para viver. Quando existe equilíbrio, o fogo cria um efeito natural de aquecimento. No entanto, se o fogo aquecer demais, a água começará a ferver. Se esse processo se prolongar, o calor, literalmente, consumirá a água, dissipando a energia necessária para manter o fogo interior. Quando a água evapora completamente, podemos entrar em colapso, porque não somos capazes de produzir qualquer energia, ou ch'i. "Quando isso acontece, os resultados podem ser assustadores", declara Brendan. "Em um mês você sente que tem muita energia e no mês seguinte cai no precipício — você fica de cama e não pode fazer nada."

Você está rodando com o tanque cheio ou com a ilusão de um tanque cheio? Você deixa seu reservatório ficar vazio antes de enchê-lo novamente, correndo o risco de uma pane? Você deixa sua luz se apagar porque não tem combustível suficiente na lâmpada interior? Para resumir, como você dispõe a lista de prioridades de sua vida? Com muita frequência relegamos nossas necessidades ao final da lista, se é que chegamos a incluí-las. Cuidamos, primeiro, de nossos deveres e obrigações para com os outros, e usamos para nós a energia que sobra. No entanto, falando sério, com que frequência sobra alguma energia?

E se invertêssemos essa ordem? E se cuidássemos de ter combustível suficiente na lâmpada antes de iluminar o caminho para os outros? Isso não nos ajudaria a manter a lâmpada fornecendo mais luz para servir aos outros? Para isso precisamos aprender a reconhecer nossas necessidades interiores e, então, definir limites saudáveis, de modo a ter tempo e energia para atender a essas necessidades. Para nos renovar de modo a continuar a dar com generosidade, precisamos aceitar o paradoxo de que *dizer não nos permite dizer sim.*

Se a ideia de dizer não o assusta, saiba que esse princípio vem diretamente de nossa tradição espiritual. Os maiores instrutores sabiam dizer não. Como todos nós, eles precisavam de algum isolamento para recarregar as energias e se restaurarem. Mesmo uma missionária infatigável como a madre Teresa ensinou que a renovação é um pré-requisito para se ter força. Ela disse que a renovação é o que nos dá energia para continuar a servir aos outros. Ela observou que "em todas as épocas e religiões, os ascetas e praticantes da contemplação buscaram Deus no silêncio e na solidão do deserto, da floresta e da montanha"; nós também precisamos de recolhimento em determinados momentos.[2] Segundo ela, quando ficamos a sós com Deus, no silêncio, "acumulamos o poder interior que distribuímos na ação".[3]

Ela seguia o conselho de seu próprio mestre. Jesus fez o mesmo depois de alimentar uma multidão com pães e peixes. Ele mandou os discípulos seguirem à sua frente num barco e, "depois de mandar embora a multidão, foi para uma montanha isolada para rezar: e quando caiu a noite, ele estava lá sozinho". Com uma visão mais otimista do mesmo tópico, John Barrymore uma vez brincou: "Deus afirmou que não é bom o homem ficar sozinho, mas às vezes isso é um grande alívio!"

Durante os altos e baixos naturais da semana, todos nós precisamos de descanso. É aí que faz sentido estabelecer limites (naturalmente, dizendo não de forma educada), assunto que exploraremos mais no próximo capítulo. Quando sua energia está em baixa, é hora de mudar a marcha e trocar uma atitude ativa de doação de energia por uma atitude receptiva de recebimento de energia. É a hora de se ligar novamente em sua fonte de energia e fazer o que é mais restaurador para você: caminhar na natureza, ouvir sua música favorita, brincar com um jogo ou simplesmente fechar os olhos sem fazer nada além de respirar profunda e longamente.

CONHECE-TE A TI MESMO

Em vez de se obrigar a superar os próprios limites e de se encher de estimulantes para poder dar conta de uma quantidade ainda maior de compromissos com os outros, o respeito próprio pede um hábito diferente: tornar-se completa e integralmente consciente das *próprias* necessidades. Para ser capaz de fechar este livro e fazer o necessário para recuperar o equilíbrio e ainda lembrar-se de fazer o mesmo amanhã e nos dias seguintes, você precisa, primeiro, conhecer a si mesmo.

"Eu me conheço" — é uma das declarações mais penetrantes que podemos fazer. Afinal, o autoconhecimento é a meta suprema a que aspiram os místicos e mestres em todo o mundo. Inscrito no átrio do templo de Apolo, em Delfos, estava o famoso comando "Conhece-te a ti mesmo". O livro de Tomé, o Adversário, institui: "Aquele que não conhece a si mesmo não conhece nada",[4] e o Zohar, livro da tradição mística judaica da Cabala, preconiza: "Busca teu ser, conhece teu ser, satisfaz a teu ser."[5]

Uma das razões pelas quais não fazemos o necessário para satisfazer nossas próprias necessidades é o simples fato de não conhecermos nosso nível mais básico. Não sabemos o que realmente sentimos e de que precisamos. Embora o "conhecer a si mesmo" seja uma meta para a vida toda, com camadas sucessivas e cada vez mais profundas de significado, podemos dar pequenos passos diariamente em direção a essa meta. Há uma pergunta simples que pode nos ajudar a fixar o foco no que é necessário para recuperarmos o equilíbrio: *Para ser feliz, de que necessito neste exato momento*?

Quando me fiz esta pergunta, muitas vezes respondi que, para tornar meu trabalho mais criativo, preciso de tranquilidade e de doses regulares de ar fresco em meio à natureza. No entanto, essa percepção por si só não é suficiente. Se eu não cuidar de me respeitar, colocando essas necessidades na minha lista de prioridades, não me lembrarei de recorrer a esses antídotos quando começo a me sentir irritada ou ansiosa. Quando as coisas começam a fugir ao controle, a menos que tome a decisão de fazer a mim mesma essa pergunta com frequência, esqueço-me de encher os pulmões de ar fresco. Esqueço-me de assumir o controle e criar a tranquilidade necessária, desligando os telefones, recusando-me a olhar o correio eletrônico ou me mudando fisicamente para um lugar calmo, onde possa trabalhar.

Uma amiga que trabalha fora me mostrou quanto poder se pode adquirir quando se conhece a si mesmo e se age de acordo com esse conhecimento. Um dia perguntei a ela qual era o melhor momento para nos encontrarmos. Ela imediatamente respondeu, de forma direta: "Para mim, é melhor nos encontrarmos no final da tarde. Se eu sair durante a manhã, posso ser tentada a começar a resolver problemas. Paro aqui e ali a caminho do escritório e simplesmente não consigo fazer o que precisa ser feito." Ela tinha esse conhecimento sobre si mesma, logo, conseguia marcar um compromisso no horário mais favorável. Como tantos métodos para honrar a si mesmo, esse não parece difícil, mas pede prática. A mudança começa quando nos observamos, nos conhecemos melhor e traduzimos tal conhecimento em ações que satisfaçam nossas necessidades.

CHAVES PARA ALCANÇAR O EQUILÍBRIO

Fique atento aos sinais de advertência

O primeiro passo para trazer a vida de volta ao equilíbrio é adquirir a capacidade de reconhecer quando estamos desequilibrados. Quais são os sinais que aparecem sistematicamente em sua vida para avisá-lo que você está fora dos trilhos? Eis alguns indícios que podem ajudá-lo a ficar mais atento aos mensageiros que entraram em sua vida para lhe dizer que você precisa fazer ajustes.

- **Tensão ou ansiedade prolongada.** A tensão não é uma coisa má. É o que nos impele à ação e gera o progresso. No entanto, um estado prolongado de tensão, principalmente daquela que sentimos no corpo, pode ser um sinal de que estamos nos pressionando demais — de que não estamos prestando atenção às necessidades interiores e estamos deixando as reservas se esgotarem. Alguns de nós nos acostumamos a ocupar o segundo, o terceiro ou o último lugar e nos condicionamos a ignorar os sinais. Você pode mudar esse hábito observando quando se sente tenso ou ansioso. Quando perceber tensão, fique atento. A percepção é o primeiro passo em direção ao respeito por si mesmo.

■ **Dificuldade de focalização.** A mente e as emoções nos pregam peças quando não atendemos a nossas necessidades. Descobri que se não reservo tempo suficiente para me divertir, começo a me sabotar. Não consigo ficar parada, fico dispersa e tendo a procrastinar. Tomei a decisão de me negar alguns momentos de diversão para me concentrar no trabalho, mas na verdade fiz exatamente o oposto. Impedi-me de me focalizar porque minhas necessidades não foram atendidas. Em consequência, encontro todo tipo de desculpas para não parar (preciso tirar ervas daninhas do jardim, guardar a louça, fazer uma massagem no gato) e depois me critico pela falta de focalização. Procure se restaurar e repousar regularmente para não se sabotar inconscientemente.

■ **Mau humor.** Reclamar e resmungar pode ser uma forma de comunicação. Essas coisas costumam ser apenas um código indicativo para "tenho necessidades insatisfeitas e você não está prestando atenção". Eles são outra forma de dizer: "Não quero lhe dar a impressão de que sou carente, mas como você não está entendendo meus sinais não verbais, preciso mostrar minha infelicidade de outras formas." Reclamamos das roupas no chão ou dos pratos na pia quando na verdade estamos tentando dizer que precisamos de ajuda, de apoio ou de uma folga. Se você ouvir a si mesmo ou alguém mais resmungar, saiba que é hora de perguntar com jeito o que está realmente deixando você (ou o outro) infeliz — e ouça a resposta com atenção.

■ **Sintomas físicos e emocionais.** Seu corpo e suas emoções podem reagir das mais diversas maneiras quando você não se dá a atenção necessária. Fique atento para as reações que lhe são características: quem sabe elas serão ombros contraídos, suspiros constantes, dores de cabeça, nó no estômago, insônia, lágrimas, explosões de temperamento, gula ou inapetência? Lembre-se de que essas reações não são essencialmente más. Elas têm um propósito. Falam conosco. Cabe a nós descobrir o que dizem. A verdadeira história sempre se esconde sob os sintomas. Pratique buscar o que está oculto.

Sete passos para manter o equilíbrio

Martha Graham, famosa dançarina e coreógrafa norte-americana do século XX, afirmou: "Acredito que aprendemos com a prática: os princípios são os mesmos, quer se trate de aprender a dançar praticando a dança, quer de aprender a viver praticando a vida." A seguir mostro sete maneiras de colocar em prática o que aprendemos a nosso respeito, honrando a nós mesmos nas pequenas e nas grandes coisas. Você também pode usar como afirmações as declarações seguintes e também todas as declarações "mágicas" encontradas neste livro. Repita-as mentalmente ou em voz alta para lembrar-se de focalizar sua atenção, não nos mitos, mas na mágica de honrar a si mesmo.

❶ **Percebo meus sentimentos.** Talvez você não manifeste suas necessidades nem tome as providências necessárias para satisfazê-las simplesmente porque não está em contato com seus sentimentos e com o que quer e precisa. Pratique a ação de perguntar a si mesmo durante o dia: *Como estou me sentindo agora? O que me é mais necessário neste momento? O que me deixaria mais feliz e em paz?* O que faz mais diferença são as pequenas coisas que fazemos todos os dias. Toda essa ação realizada no sentido de reverenciar a nós mesmos também mostra aos outros o que achamos que merecemos e como esperamos ser tratados.

❷ **Elimino os pensamentos do tipo tudo ou nada.** Fique atento para não cair numa atitude do tipo tudo ou nada, onde você não é levado em consideração. Talvez você se escute dizer "Tenho que cuidar dessa situação imediatamente, portanto, não tenho tempo para mim agora. Preciso escolher entre ele e eu, e não posso negligenciá-lo". Infelizmente, quando caímos num padrão de pensar "é isto ou aquilo", em geral são as nossas necessidades que deixamos de lado. Se você perceber esse cabo de guerra em ação, diga para si mesmo: *Tenho o direito e o dever de cuidar de mim. Quando tenho necessidades, também preciso receber.*

❸ **Adoto medidas preventivas.** Aja antes de ser envolvido numa abordagem equivocada dos atos de dar e receber. Por exemplo, se você souber que uma vez por semana costuma ter dor de cabeça, dor nas costas ou dor nos ombros, cuide-se de forma proativa. Assegure-se de se levantar da mesa de trabalho e fazer alongamento, fazer uma pausa, praticar atividades físicas ou programar uma massagem regular. Reserve tempo para ficar em contato consigo mesmo de forma habitual. Programe essa atividade em sua agenda para não esquecer.

❹ **Observo todo o meu ser.** Temos necessidades nos quatro aspectos da vida — físico, emocional, mental e espiritual. Portanto, quando estiver em contato consigo, avalie cada uma dessas áreas e pergunte: "Que parte de mim precisa de atenção neste exato momento?" Se estiver sentindo fragilidade emocional, talvez precise do apoio de uma conversa com um amigo. Se estiver cansado, pode ser que precise de mais repouso ou de exercícios físicos. Se estiver mentalmente entediado, procure estímulos e desafios, comparecendo a um evento novo, adotando um hobby ou matriculando-se em um curso. Se sentir um vazio espiritual e falta de significado em sua vida, faça algo que o ajude a retomar o contato com seu espírito. Perceba que parte de você precisa se energizar e comprometa-se a nutri-la para recuperar a saúde.

❺ **Comemoro minhas vitórias.** Se você realizou uma tarefa ou alcançou uma meta, mesmo pequena, recompense-se fazendo algo divertido e revitalizante. Mesmo pequenas recompensas, como ver o filme favorito, comprar flores, assistir a uma peça ou concerto, ajudarão você a se valorizar. Isso também o treinará para se recompensar e restaurar o reservatório interno de força.

❻ **Dou pequenos passos.** Se for difícil para você se permitir receber, comece por pequenos passos. Numa época de minha vida em que as finanças estavam complicadas, esses pequenos passos me ajudaram a sair da dificuldade. Naquele período, eu era muito parcimoniosa, só me permitindo atender às necessidades absolutas. O mundo ao meu redor parecia refletir essa rigidez. Quando comecei a me permitir comprar alguma coisa simples como uma guloseima ou uma roupa nova, as coisas começaram a mudar e mais dinheiro começou a fluir em minha vida. O que estava mudando era minha própria atitude.

Ao me privar, estive essencialmente afirmando que era daquela maneira que desejava ser tratada e aquele era o tipo de mundo em que eu esperava viver. Ao me proporcionar benesses, mudei a forma como desejava que o mundo se apresentasse. Que pequeno passo você pode dar sistematicamente em direção ao mundo em que você quer viver?

❼ **Aceito elogios.** Você tem o hábito de dizer "Imagina..." quando recebe um elogio ou "Não precisava!" quando recebe um presente inesperado? Se não for capaz de receber um elogio ou um presente, você estará comunicando — aos outros e a si — que não se sente merecedor de receber. E se não puder aceitar com facilidade elogios ou presentes, como irá reagir à abundância, às dádivas e aos maravilhosos relacionamentos que o universo deseja lhe dar? O que você dirá? "Ah, não precisava..." ou "Obrigada! Estou muito agradecida, adorei, e quero mais!"

CAPÍTULO 3

DEFINIR LIMITES

É triste quando alguém procura agir em benefício alheio sem ter em si o suficiente para doar aos outros.

— Rabindranath Tagore

— Tenho uma dúvida sobre cupins — disse uma jovem no grupo de meditação, enquanto afastava uma mecha de cabelo do rosto. Ela lançou um olhar de esguelha para o namorado, sentado ao seu lado, e ele confirmou, encorajando-a a prosseguir.

Meu marido e eu estávamos viajando pelo nordeste da Califórnia e certa noite, a convite do tio dele, fomos participar de um grupo que se reúne semanalmente para meditar. Naquela noite, aproximadamente 12 pessoas, jovens e velhas, solteiras e casadas, de diversas origens, estavam sentadas em círculo com aquele que há muito tempo era instrutor de meditação. Depois da prática, cada membro do grupo tinha a oportunidade de falar.

A jovem prosseguiu, enquanto todos ouviam com atenção:

— Estamos enfrentando uma crise. Entendemos o conceito de ter compaixão por toda forma de vida e tentar não prejudicar outros seres, mas descobrimos que nossa casa está infestada de cupins e não sabemos o que fazer. Não acho correto matá-los.

John, o professor de meditação, ficou em silêncio por um instante e depois perguntou:

— O que vai acontecer se você deixar os cupins lá?

O namorado da garota, tão angustiado quanto ela, respondeu:

— Vão destruir a estrutura da casa. A casa vai cair. É claro que não vamos poder viver lá por muito tempo e ninguém vai querer comprá-la. Imagino que os cupins podem partir para destruir também outras casas do bairro.

John explicou ao grupo que o ideal de não violência pede que protejamos a vida e não prejudiquemos seres vivos, mas não pede que deixemos de lado a lógica e o senso prático. Então, ele fez aquilo que os bons professores mais fazem — perguntas:

— Se alguém estivesse tentando estuprar sua esposa, mutilar seu marido ou sequestrar seu filho, você deixaria? Se um assassino entrar em sua casa e você não tentar neutralizá-lo, você estará protegendo a vida de sua família e agindo de acordo com o princípio da não violência? Se um inseto transmite uma doença que pode matar muitas pessoas, seria correto matar o vetor da doença para proteger a comunidade? Se os cupins estão destruindo sua casa, a vida de quem você está sacrificando e a vida de quem você está salvando? Cada um de nós deve dar as próprias respostas a estas perguntas.

Embora possa parecer um exemplo absurdo, decidir se devemos nos livrar dos cupins é uma questão similar a muitos dos desafios que enfrentamos. Você já se propôs questões como: Até onde devo deixar essa situação prosseguir antes de estabelecer um limite? Estou agindo da forma correta quando me sacrifico ou estou colocando em risco o que é mais importante para mim? Ao entregar tanto de mim em apoio a essa pessoa, não estarei na verdade prejudicando a ela e a mim? Susan, uma antiga vizinha, descobriu que a felicidade do filho e a própria felicidade dependiam da resposta à última pergunta.

INVESTIR EM SI MESMO

Para Susan, mãe solteira, sacrifício era seu dia a dia. Ela acreditava que doar-se era a chave da bondade — se ela se sacrificasse bastante, tudo daria certo. Seu filho, Jake, sempre foi tímido e reservado, uma característica que não mudou nem mesmo quando saiu da adolescência. Ele não queria se mudar da casa da mãe, vivia perdendo o emprego e, às vezes, tinha violentas explosões de raiva.

Susan estava ficando cada dia mais preocupada com ele e pensou que talvez fosse melhor arranjar um emprego que lhe permitisse trabalhar em casa, onde poderia ver o que realmente estava acontecendo e dar mais apoio ao filho. Apesar dos inúmeros sacrifícios da mãe, Jake não melhorou. Percebendo que era preciso tomar uma decisão firme, Susan finalmente procurou ajuda profissional e percebeu que ela e o filho precisavam tomar uma atitude corajosa. Ela sugeriu que Jake fosse viver numa casa com outras pessoas a uma distância razoável dela. Ele concordou, apesar de relutante. A simples separação se revelou um catalisador de transformação para mãe e filho. Em poucos meses a vida dos dois mudou para melhor.

"Eu tinha me tornado uma muleta para ele", Susan admitiu mais tarde, quando viu quanto progresso o filho conseguiu realizar no ambiente certo. Segundo ela, dar o máximo de conforto aos filhos, às vezes, não é a resposta. Houve uma época em que dar apoio incondicional a Jake era a coisa certa a fazer, mas essa opção não estava eternamente correta. Agora ela estava aprendendo a lição de que, *para dar mais ao filho, era preciso dar menos.* Ela aprendeu a aceitar o paradoxo.

Esses novos limites também permitiram a Susan examinar a própria vida. Ela percebeu que, ao insistir na ideia equivocada de que "o sacrifício é resposta para tudo", também estava estagnando a própria vida. Agora, com mais tempo para dar atenção a si mesma, entendeu que não estava feliz com a própria carreira. Na verdade, nem mesmo gostava do lugar em que vivia, e precisava desesperadamente de novas perspectivas. Quando teve certeza de que o filho estava seguro em seu novo ambiente, Susan começou a procurar outro lugar para viver. Cinco meses depois, estava pronta para se mudar. Quando nos despedimos, Susan estava cheia de energia e parecia mais feliz do que nunca.

MITO:

O maior apoio que posso dar àqueles que amo é me sacrificar por eles.

MÁGICA:

Para dar mais, às vezes preciso dar menos.

Peter Drucker, famoso guru da administração, aos 95 anos falou sobre limites, em uma entrevista à Forbes.com, e declarou que uma questão fundamental para os líderes é aprender a dizer não. Provocou: "Não me diga o que está fazendo, diga o que *parou* de fazer." Segundo ele, os líderes que sempre dizem sim são muito populares, mas não conseguem realizar nada. Drucker aconselhou os líderes a não terem mais do que duas prioridades ao mesmo tempo e ressaltou a importância de delegar aquilo que não conseguem fazer bem. "Nunca tente ser um especialista naquilo que não conhece", sugeriu. "Use seus pontos fortes e encontre gente capacitada para as outras tarefas necessárias."[1]

Todos somos líderes — se não no trabalho, pelo menos em nossas comunidades, em nossas famílias e no domínio mais importante: o domínio do ser. Literalmente, somos líderes em nossas vidas. Seja no trabalho ou na vida diária, decidimos como usar os recursos que recebemos, e os recursos mais valiosos são nosso tempo, energia e atenção. O que decidimos fazer ou deixar de fazer com eles vai determinar se vamos progredir ou simplesmente sobreviver.

Tal como quem administra um negócio de sucesso, você também precisa reinvestir em si a quantidade certa de recursos. Além de ajudar e servir aos outros, você alimenta e sustenta a usina interior que mantém em funcionamento a operação de sua vida? Você fica depauperado e exausto porque tentou cobrir uma área grande demais? Se estiver tentando fazer coisas demais ao mesmo tempo, poderá ficar sufocado, tal como Drucker descreveu que acontece àqueles que sucumbem ao conceito de que dizer sim para tudo é a melhor atitude. Criar limites saudáveis não é opcional; é fundamental.

DOAR-SE PODE SER PREJUDICIAL À SAÚDE?

Definir limites saudáveis é mais do que uma expressão bonita. Os limites adequados que nos permitem cuidar de nós mesmos podem realmente nos manter saudáveis. Um número cada vez maior de pesquisas científicas mostra, por exemplo, que o estresse crônico, sintoma de desequilíbrio no fluxo dos atos de dar e receber, tem uma ligação direta com nossa saúde. Um estudo indicou que as mulheres que vivenciavam estresse crônico ou que se sentiam submetidas a altas doses de estresse tinham em suas células imunológicas telômeros bastante envelhecidos (telômeros são pedaços do DNA que ficam nas extremidades dos cromossomos). Dennis Novack, da Escola de Medicina da Drexel University revelou que esse importante estudo "demonstra que não existe separação entre mente e corpo — as próprias moléculas do corpo são responsáveis pelo ambiente psicológico".[2] Outros estudos relacionaram estresse, impotência, desesperança e emoções reprimidas com o aparecimento ou a evolução do câncer. Quando não definimos as fronteiras necessárias e não aprendemos a nos restaurar, quando, em vez de expressar, suprimimos nossas necessidades, podemos colocar nossas vidas em risco.

Portanto, doar-se pode ser perigoso para a saúde? Se isso nos impedir de reconhecer e expressar nossas necessidades válidas, a resposta é sim. Se isso reduz nossa capacidade de continuar a nos doar com alegria e abundância, a resposta é sim. Se nossa dedicação prejudicar o crescimento de alguém ou nosso próprio crescimento, sim, isso poderá ser perigoso.

O hábito de se dedicar excessivamente aos outros e muito pouco a si mesmo também pode sabotar nossa tarefa mais importante na vida: percorrer o próprio caminho de autodescobrimento. No livro *O herói interior*, Carol Pearson assinala que as mulheres, por terem tradicionalmente o papel de nutrir e cumprir suas obrigações, muitas vezes "abrem mão de fazer essa jornada porque temem prejudicar o marido, pai, mãe, filhos ou amigos".[3] (Nesse contexto, a expressão "fazer essa jornada", naturalmente, não se refere a uma jornada física, mas à dedicação à viagem interior para descobrir nossa contribuição pessoal única dentro de nosso círculo de influência.) Da mesma forma, Pearson declara que os homens podem se recusar a cumprir as próprias jornadas quando acreditam que suas frágeis esposas precisam de proteção. A ideia de que esses sacrifícios ajudam nossos amados é uma ilusão. Quando sacrificamos nossas buscas pessoais e permitimos que os outros nos tiranizem, não os estamos ajudando, mas prejudicando.

Segundo Pearson, quando damos força ao comportamento dependente de alguém, na verdade damos força ao seu lado menos desenvolvido. Por essa razão, declara ela, "uma das piores coisas que uma mulher pode fazer para a alma de um homem é permitir que ele a oprima". Da mesma forma, sempre que um homem se limita porque acha que a parceira é incapaz, ele "reforça nela aquela atitude, contribuindo para mutilá-la" quando na realidade "o ser mais forte e sábio que existe dentro dela quer crescer e quer que o homem também cresça".[4]

Sob o mito de que o sacrifício está sempre correto existe o sutil equívoco de que, se não deixarmos tudo de lado e nos imolarmos em benefício dos outros, nós os abandonamos na hora da necessidade. No entanto, como vimos, a verdade pode ser o inverso. Nosso sacrifício em benefício de outros pode limitá-los e nos limitar.

MITO:

Quando os outros precisam, tenho de me sacrificar por eles.
O sacrifício é sempre a atitude correta.

MÁGICA:

Nosso sacrifício pode atrofiar aqueles que julgamos estar ajudando.
Quando sou honesto comigo, ajudo os outros
a serem honestos com eles mesmos.

Dependendo das circunstâncias e do momento, nossa dedicação pode ser construtiva ou prejudicial, compassiva ou paralisante. Nós podemos abandonar o mito de que o sacrifício é sempre correto e adotar a mágica do equilíbrio, aprendendo a viver em harmonia com o seguinte princípio poderoso: *Quando nos vemos com honestidade, ajudamos os outros a se verem com honestidade. Quando traçamos limites que nos permitem crescer, ajudamos o crescimento dos outros.*

ESCONDER-SE POR TRÁS DO SACRIFÍCIO

Estranhamente, no nível subconsciente, podemos na verdade gostar do sacrifício mais extremo porque secretamente ele nos fornece uma desculpa. O sacrifício em benefício de outros é uma desculpa para não termos que assumir a responsabilidade por nossa vida. É uma forma de evitar as confrontações que podem surgir quando começamos a nos respeitar e impor nosso direito a figurar no alto da própria lista de prioridades. Também podemos ficar viciados em sacrifícios porque não nos damos valor e nos sentimos bem quando alguém precisa desesperadamente de nós.

No fim das contas, tudo isso tem um custo. O sacrifício pode ser uma máscara que usamos e com que ficamos habituados a ponto de esquecer que a face que mostramos ao mundo e a nós mesmos não é a nossa verdadeira face. Assim como podemos esconder nossa carência interna de energia sob uma atividade exterior cada vez maior, podemos ocultar nosso verdadeiro ser por trás de uma montanha de sacrifício.

A capacidade de se sacrificar é uma bela virtude quando vem do coração. Mas usar o sacrifício como forma de evitar enfrentar nossos medos ou definir nosso futuro é uma forma de fuga. É delegar nossas escolhas para outros, quando a pedra fundamental do respeito a nós mesmos consiste em fazer as próprias escolhas. É como fazer uma viagem longa e acidentada no banco de trás de carro alheio (que naturalmente não é uma limusine) quando se deveria estar no banco do motorista, ou como aceitar um papel coadjuvante no drama de alguém quando se deveria ser protagonista na história da própria vida.

Às vezes, o sacrifício parece uma saída fácil. Pode parecer conveniente ter alguém que tome todas as decisões. Dessa forma, podemos dizer que "Não é minha culpa" quando alguma coisa não dá certo. Todos já sentimos a tentação de culpar os outros por acontecimentos em nossa vida. Não tenha vergonha quando perceber sua culpa; use-a para crescer. Reconheça a culpa como uma mensageira que veio despertá-lo.

Quando você se surpreender culpando alguém por alguma coisa, pode ter certeza de que foi iludido pelo mito sutil e insidioso de que os fatores determinantes em nossa vida estão fora de nós — de que alguém é responsável por nos fazer felizes ou por afastar o que nos causa infelicidade. Nada poderia ser menos verdadeiro.

Enquanto você acreditar que não é seu papel trazer sua vida de volta ao equilíbrio, continuará a aceitar menos do que o melhor enquanto espera passivamente que alguém venha em seu socorro. Não é papel de ninguém preencher sua vida, e você não precisa da permissão de ninguém para cumprir esse papel. Só você pode saber quando é hora de fazer uma pausa, ouvir sua música favorita, viajar no fim de semana ou abandonar um emprego ou um relacionamento que já não lhe faz bem. Quando culpamos os outros, assumimos o papel de vítimas impotentes e abdicamos de um dos direitos e poderes mais importantes que temos: a liberdade de escolha. Sejam quais forem as circunstâncias, não importa o que aconteceu antes, você sempre tem o poder de escolher algo novo — a partir de agora.

MITO:

Alguém é responsável por me satisfazer e por resolver o que estiver me deixando infeliz.

MÁGICA:

Sou responsável pela evolução da minha vida. Cabe sempre a mim escolher o que me vai acontecer em seguida.

Da próxima vez que você se surpreender perguntando mentalmente ou em voz alta "como eles puderam fazer isso comigo? Qual é a deles? Como posso fazê-los mudar, de modo que eu tenha o que preciso?", transforme o mito em mágica. Diga a si mesmo: "Minhas escolhas, minhas atitudes e minhas ações determinam o que acontece em minha vida. Tenho o poder de fazer uma escolha nova e mais elevada. Minha felicidade não depende do que eles fazem, mas do que eu faço." Grandma Moses, uma artista plástica norte-americana do século XX, que começou a pintar depois dos 70 anos e viveu até os 101, é uma prova do poder de escolha. "Se não tivesse começado a pintar, teria criado galinhas", disse. "A vida é, sempre foi e sempre será o que fazemos dela."

O SACRIFÍCIO COMO FORMA DE EGOÍSMO

Há ainda mais uma razão pela qual podemos preferir não nos esconder por trás de um hábito de sacrifício, mesmo que nos queixemos dos "deveres" com que somos sobrecarregados. Podemos intencionalmente passar todo o tempo dedicados aos outros, de modo a não ter tempo para nosso dever principal — ser tudo o que podemos ser.

Por que deveríamos querer deixar de lado essa viagem da alma? Às vezes, temos medo de entrar em contato com nossa verdadeira paixão na vida, porque, se o fizermos, as condições a que estamos acostumados mudarão drasticamente. Podemos ser obrigados a mudar de endereço, sair de um relacionamento ou assumir o risco de começar uma nova carreira. Podemos ter medo de não ser bons o suficiente ou de ser rejeitado se corrermos atrás de um chamado mais relevante. Esses medos são naturais, porém saiba que eles são apenas medos — não são você. Falo mais sobre isso na Parte 4, "Valorize-se e valorize a sua voz".

Então, é no domínio do sacrifício que encontramos o outro paradoxo: *o sacrifício pode ser uma forma de dar o seu melhor e pode ser uma forma de encobrir o seu melhor.* Em outras palavras, *o sacrifício pode ser a quintessência do egoísmo.*

Todos trazemos para a vida qualidades especiais e dons que devemos desenvolver e compartilhar. Quando nos escondemos por trás de um pretenso dever, alegando falta de tempo como desculpa para não desenvolver nossos talentos e promover nossos dons, tal sacrifício na realidade é egoísmo, porque estaremos escamoteando os dons que deveríamos prodigalizar. Ao adiar sua aventura, você estará espoliando aqueles que estão à espera de receber suas dádivas. O melhor que qualquer um de nós pode fazer pelo mundo é não se esconder por trás do sacrifício, mas fazer o verdadeiro sacrifício de assumir o papel mais elevado que podemos desempenhar naquele momento.

Analisar por que temos dificuldade em definir limites adequados não é necessariamente uma tarefa cômoda ou fácil, mas vale a pena realizá-la. Não podemos sarar se não lidarmos com as questões inerentes à essência de nossos sintomas. Para descobrir por que você pode estar se dedicando tanto aos outros sem se dedicar a si mesmo, comece pensando na seguinte verdade: geralmente evitamos fazer algo quando tememos as consequências. O que você teme que aconteça se impuser limites ou se não se sacrificar? Você tem medo de que outras pessoas fiquem infelizes se você disser não ou acredita que cabe a você fazê-las felizes? Você teme que os outros o rejeitem, se você não fizer o que eles querem? Você acredita que precisa fazer concessões para ser amado?

Naturalmente, você desenvolveu essas crenças por um bom motivo. Talvez na infância tenha aprendido a agradar aos outros para evitar a dor da reprovação, o veneno da crítica ou até mesmo a ameaça de agressão. Talvez tenha sido criado numa família ou cultura em que esse tipo de comportamento é esperado ou premiado. Mesmo assim, continuar a seguir esse padrão sem questionamento, apesar de ter a recorrente sensação de que algo está errado, é uma forma de suicídio lento.

Não tenha medo de fazer um profundo exame de consciência para entender o que o leva a priorizar sempre os outros. Uma vez tendo reconhecido os motivos que o viciaram em sacrifício, talvez comece a combater os mitos e se treinar para agir de outra forma. Você vai ter mais capacidade de perceber esse comportamento antes que a situação fuja ao controle. Diga a si mesmo que é correto ser leal a si em primeiro lugar, só para variar. Você tem permissão para ter opinião própria, defender seus direitos e tomar as próprias decisões. Pode escolher a companhia de pessoas que o apoiem, em vez de dominar. Merece companheiros interessados em sua opinião e que não tenham necessidade de oprimi-lo. Você pode se tratar bem.

FREIOS E CONTRAPESOS

Tornar-se hábil em equilibrar o dar e o receber pede uma mudança de perspectiva. Dar e receber, estabelecer e romper limites, ter respeito por si mesmo e ter respeito pelos outros não são opostos, mas complementos. Quanto mais tivermos essa percepção, mais capazes seremos de sentir quando é hora de estabelecer limites e quando é hora de superá-los.

A tradição mística judaica da Cabala afirma que dançar com o paradoxo de dar e receber é parte natural da tensão criativa da vida. Esse paradoxo está manifestado na Árvore da Vida da Cabala, uma espécie de mapa da realidade ou da forma como o mundo foi criado e funciona. A Árvore da Vida é composta de dez "*sefirot*", que representam as forças arquetípicas ou qualidades presentes no mundo divino e em todas as coisas, inclusive nós. Algumas dessas forças operam como pares de opostos que se complementam, num sistema de freios e contrapesos. Cada par precisa estar numa tensão dinâmica para garantir que nenhum dos elementos se desequilibre. Um desses pares é Chesed e Gevurah. Eles têm muito a nos ensinar sobre limites e equilíbrio.

Chesed é a força da benevolência, da piedade e da expansão. Costumamos considerar o amor, a piedade e a receptividade qualidades positivas, e isso é verdade. No entanto, os sábios da Cabala observaram que, mesmo a benevolência, quando levada a extremos, pode ficar desequilibrada. Sem algum tipo de molde ou recipiente que as receba e lhes dê forma, as generosas qualidades da piedade e do amor, como uma cachoeira descontrolada, não podem ser contidas e usadas para o bem. Alguma vez você conheceu pessoas "expansivas" — cheias de ideias e energia — que parecem jamais conseguir realizar coisa alguma? Isso acontece porque, sem disciplina e estrutura, elas não conseguem focalizar e dar forma ao seu brilhantismo.

Como as qualidades expansivas da generosidade e da franqueza podem fugir ao controle, precisamos estabelecer limites e definir nossa doação. Precisamos da Gevurah, a força que representa no mundo e dentro de nós a justiça, o discernimento e o poder. Essa força fornece a estrutura e os limites, além da disciplina e da discriminação.

Contudo, tal como a energia de expansão precisa de limites, o inverso também acontece. O excesso de limites e de estrutura nos manda para o outro extremo. Estruturas rígidas e atitudes voltadas para o texto da lei e não para seu espírito fecham o coração e a mão aberta de nossa criatividade. Na verdade, o excesso de ênfase na estrutura e nas regras pode excluir aquilo de que mais precisamos para manter o equilíbrio.

Em termos talvez mais familiares, na peça *O mercador de Veneza*, Shakespeare fala da necessidade de equilibrar os limites com a acessibilidade e a generosidade com o autocontrole, quando Pórcia aconselha com eloquência: "O poder terreno mais se assemelha ao poder divino quando a justiça é avivada pela caridade."

A DECISÃO PELO CORAÇÃO

Como podemos harmonizar as forças complementares da caridade e do discernimento, da generosidade e da discriminação, que às vezes entram em guerra dentro de nós e ao nosso redor? Da mesma forma que outros ensinamentos de sabedoria, a Cabala propõe que a decisão venha do coração. Na Cabala, o coração corresponde a Tiferet, outra força arquetípica. Tiferet significa "beleza" e representa o grande fator de integração e harmonia.

As tradições do mundo estão cheias de lições comoventes que apontam para a sabedoria do coração. Aprendemos com os sábios que a voz do coração sempre nos indicará o caminho correto em qualquer situação. No texto milenar Brihadaranyaka Upanishad, quando perguntam ao sábio Yajnavalkya onde se localiza a verdade, ele responde: "No coração, pois é pelo coração que o homem conhece a verdade." Quando nos sintonizamos com o coração, sabemos quando é apropriado preservar os limites para o bem de todos os envolvidos e quando é melhor jogar esses limites pela janela.

A seguinte história da tradição hassídica judaica mostra que seguir rigidamente regras e expectativas pode eliminar nossa capacidade de dar com o coração. Toda semana um renomado rabino celebrava o Sabá com uma refeição em companhia de amigos e alunos. Certa semana, apareceu um novo convidado. Durante a refeição, os outros comensais olhavam com desdém o recém-chegado, que estava malvestido e era pouco refinado. Além disso, numa atitude de pouco respeito pelo rabino, o homem tirou do bolso um grande rabanete e começou a mastigá-lo ruidosamente. O rabino, porém, parecia não perceber. Incapaz de suportar aquilo por mais tempo, um dos estudantes se voltou para o homem e estava a ponto de censurá-lo quando o rabino interrompeu e declarou: "Sabe, eu gostaria de ter um rabanete bem grande e gostoso para acompanhar essa refeição maravilhosa." Ao ouvir as palavras do mestre, o convidado meteu a mão no bolso e pegou outro rabanete, que entregou ao anfitrião. Este respondeu com um grande sorriso, agradecendo a gentileza do convidado. Histórias simples como essa estão cheias de simbolismo. Elas nos dizem que, quando nos surpreendermos julgando nosso próprio comportamento e o comportamento alheio, precisamos derrubar as muralhas que construímos para podermos nos aquecer à luz do coração.

Todos precisamos lidar com situações fora de centro e de controle. Quando isso acontece, tratamos a nós mesmos e aos outros com respeito se voltarmos ao centro, nosso centro, porque a resolução criativa de problemas vem do coração. Não só isso, mas, também, quanto mais nos colocamos de volta no centro do coração, mais magnetizaremos os outros envolvidos na situação, levando-os de volta ao centro. Mesmo que alguns dos envolvidos permaneçam empacados na posição desequilibrada, quando estamos no centro, somos capazes de ver com mais clareza o que devemos fazer.

Alan Watts, importante divulgador das filosofias orientais no Ocidente no século XX, explicou essa questão quando falou sobre a meditação Zen como uma analogia da vida. Ele disse que é sábio "viver no centro de si mesmo" pela mesma razão pela qual na prática das artes marciais aprendemos a permanecer no centro. De acordo com Watts: "Se esperamos que algo venha de certa maneira, podemos nos posicionar em preparação para o que vem. Se aquilo vier de outra maneira, quando conseguirmos reposicionar a energia, já será tarde. Portanto, se ficarmos no centro estaremos prontos para nos mover em qualquer direção."[5]

Quando eu supervisionava um grande departamento que precisava de atenção constante, percebi que, às vezes, um pequeno ajuste de volta ao centro podia realizar muito. Embora meu papel fosse administrar aquela equipe, eu também era responsável por produzir grande parte do trabalho. Tanto trabalho e responsabilidade não me permitiam dar aos colegas toda a atenção que eu gostaria, portanto, as coisas nem sempre corriam bem. Os desentendimentos que começaram a surgir toda semana só levavam mais do meu tempo e aumentavam a pressão. Com as restrições do meu cronograma (meus limites) e minha ideia preconcebida de não ter tempo para ser tão boa gerente (minha atitude mental), não admira que houvesse problemas. Eu precisava descobrir o caminho de volta ao centro.

No início, me sentia uma vítima, mas esse ponto de vista não estava resolvendo o problema. Percebi que deveria me concentrar no que podia fazer para melhorar a situação, em vez de esperar que os outros mudassem magicamente, de uma hora para outra. Portanto, tentei ver a situação da perspectiva do meu coração e me perguntei: que decisões posso tomar para transformar essa situação? Portanto, procurei ver a situação do ponto de vista do coração e me perguntei: que escolhas posso fazer para mudar isso?

Comecei por dar uma boa olhada em meu escritório. A primeira coisa que se via ao entrar era a frieza de um arquivo e eu, escondida atrás da tela do computador. Nada disso fala de hospitalidade e afabilidade. Reorganizei o escritório de modo que os visitantes pudessem me ver claramente. Abri espaço para uma cadeira do outro lado da escrivaninha para que meus colegas pudessem se sentar e se sentir bem-recebidos. Em segundo lugar, reconheci o fato de que algumas pessoas mais talentosas precisam de mais atenção do que outras. Incluí em minha agenda um lembrete para falar com elas pelo menos uma vez por semana e garantir que resolvêssemos os problemas antes que eles se transformassem em bombas de efeito retardado. Ao eliminar alguns limites, me desloquei um pouco mais para o centro, e meus colegas de trabalho fizeram o mesmo.

CHAVES PARA

ALCANÇAR O EQUILÍBRIO

Teste sua posição

Bill Cosby uma vez disse: "Não conheço o segredo do sucesso, mas o segredo do fracasso é tentar agradar a todos." Há momentos em que é preciso se sacrificar e há momentos em que, levado ao extremo, o sacrifício pode prejudicar você e os outros. Você compensa o sacrifício pelos outros criando limites de modo a poder focalizar-se no que é importante para você e reinvestir em si mesmo? O teste a seguir o ajudará a descobrir onde é necessário promover ajustes.

- Respondo automaticamente com um sim sempre que alguém pede minha ajuda ou precisa resolver um problema? Ou, quando necessário, defino limites com educação e firmeza?

- Eu me coloco sempre no último lugar em minha lista de prioridades? Ou pergunto regularmente a mim mesmo o que quero e do que preciso, programando a ação necessária como prioridade no dia?

- Permito que pessoas ou acontecimentos me impeçam de fazer o que planejei? Ou, literalmente, conduzo minha vida ao definir uma direção e agir de acordo com os valores e as metas importantes para mim?

- Deixo que amigos e pessoas amadas monopolizem sempre as conversas ou me obriguem a concordar com as decisões deles? Ou expresso com clareza os meus sentimentos e defendo minhas opiniões?

- Prefiro agradar aos outros a confrontá-los? Ou revelo comportamentos invasivos e impróprios e corrijo as percepções equivocadas dos outros, mesmo que eles não gostem do que eu tenho a dizer?

- Minha dedicação aos outros os impede de fazer a parte deles ou de avançar na jornada da própria vida? Ou defino limites de modo que os outros não se tornem excessivamente dependentes de mim e com isso sejam prejudicados?

- Eu me escondo atrás de atitudes de sacrifício, ocupando todo o meu tempo em fazer coisas para os outros, para evitar assumir minha própria vida? Ou dou prioridade a desenvolver meus talentos de modo a poder dar minha contribuição aos outros?

Sete passos para criar limites saudáveis

Mostrar respeito por si mesmo definindo limites saudáveis não é abandonar os outros, mas levá-los em consideração. Tal como sugeriu o rabino Moshe Leib, mestre hassídico: "O ser humano que não dispõe sequer de uma hora para si mesmo não é, de forma alguma, um ser humano." Se você respondeu às perguntas anteriores, já tem uma ideia mais clara dos limites que deve criar para atender suas necessidades. Todos nós saímos do ponto de equilíbrio de vez em quando. O que conta não é evitar que isso aconteça, mas tornar-se mais hábil em reconhecer quando acontece, de modo a poder restaurar rapidamente o equilíbrio. Aqui estão sete formas de começar a criar limites saudáveis.

❶ **Pratique nas pequenas coisas.** Quando não estamos habituados a estabelecer limites, podemos, a princípio, ficar pouco à vontade para fazê-lo. Pratique numa questão pequena do dia a dia, como em vez de estar sempre à disposição de todos, desligar o telefone quando precisar se concentrar; pedir a um membro da família para fazer o jantar ou qualquer tarefa; ou, ainda, dizer aos amigos que não estará disponível certa noite, quando quiser passar algum tempo sozinho. À medida que aprender a criar limites em situações como essas, você achará mais fácil reconhecer e enfrentar questões maiores quando elas surgirem.

❷ **Comunique com clareza suas necessidades.** A maioria das pessoas não consegue ler mentes. Elas não saberão do que você precisa se você não lhes disser. Expresse especificamente suas necessidades. Declare seus sentimentos e desejos carinhosamente, mas com firmeza, em termos de suas necessidades e não do que você acha que a outra pessoa faz de errado. Criar um limite não significa denunciar os erros alheios. Trata-se de declarar o que você precisa e merece receber.

❸ **Exercite a liberdade de escolha.** Quando alguém lhe pedir alguma coisa, em vez de dizer sim automaticamente, exercite perguntar: *Quais são as minhas opções? O que quero e o que sinto que está correto para mim nessa situação? É apropriado me sacrificar nesse caso? O que é mais importante para mim nesse momento?*

❹ **Coloque-se no alto de sua lista de prioridades.** Não espere terminar o que está fazendo para os outros antes de dar a si mesmo o que precisa. Reserve tempo para si mesmo de modo a não riscar constantemente da lista de prioridades os cuidados consigo mesmo. Recarregar as baterias não é uma tarefa opcional. Deve ser parte legítima de sua programação.

❺ **Reduza o foco.** Os bons líderes não se limitam a decidir o que vão fazer; eles determinam o que *não* vão fazer. Como líder da própria vida, o que você pode fazer para ser mais focado? O que você pode delegar, contratar alguém para fazer ou simplesmente suprimir de sua lista de tarefas, para garantir que investirá da melhor forma seu tempo e sua energia preciosos? Ao concentrar recursos nos lugares onde pode exercer o maior impacto, você terá mais para aplicar no que vale a pena.

❻ **Resolva os problemas com o coração.** Os sábios ensinam que um coração tranquilo pode nos levar à melhor solução para qualquer problema. Quando enfrentar uma questão espinhosa que envolva limites, examine-a do ponto de vista do coração. Escolha sua técnica favorita de focalização no coração antes de decidir. Se você ainda não usa uma técnica, simplesmente feche os olhos, respire fundo, visualize e sinta uma chama brilhante no coração. Você também pode recordar uma experiência que lhe desperte felicidade ou gratidão — uma lembrança que faça queimar mais intensamente a chama do seu coração. Quando sentir alegria ou paz, volte para o problema em questão. Pergunte: *Qual é a melhor maneira de resolver esse problema? Qual deve ser meu próximo passo?* Então, ouça a resposta que se apresentar.

❼ **Descubra do que está se escondendo.** Se tiver dificuldade para definir os limites necessários, não tenha medo de investigar o motivo. O que acha que acontecerá se você não se sacrificar o tempo todo? Você está se sacrificando porque tem medo de causar infelicidade aos outros se disser não? Está viciado no sacrifício porque sua autoestima é fortalecida quando os outros precisam de você? Esse sacrifício tira sua mente das preocupações e dá uma desculpa para não seguir adiante com seus próprios sonhos? Uma vez tendo compreendido suas motivações, você pode começar a contestar os mitos na base dessas crenças; então, você achará mais fácil seguir os passos aqui relacionados para definir limites melhores e tratar a si mesmo com respeito.

CAPÍTULO 4

ACEITAR AJUDA *e* VOAR SOLO

Somos ricos unicamente pelo que damos
e pobres pelo que recusamos.

— MADAME SWETCHINE

"Sou o único responsável pelo meu progresso. Não preciso dos outros e não deveria depender da ajuda deles." Mito ou mágica?

À primeira vista, a resposta parece óbvia. Como define a frase memorável de John Donne: "Nenhum homem é uma ilha, completo em si mesmo; todo homem é parte do continente." Todas as grandes tradições nos estimulam a valorizar "os pedaços", buscando, portanto, uma comunidade de amigos de mesma mentalidade e que nos dê apoio, inspiração e orientação. O budismo chama a isso "buscar refúgio" na comunidade. Tecumsen, cacique norte-americano da tribo Shawnee, define essa questão da seguinte forma: "Um graveto isolado pode ser quebrado, mas um feixe de gravetos é forte."

Mas, espere um momento! Essas declarações são apenas parte da verdade. Existe outro lado, paradoxal, dessa história. Buda também preconizou a seus seguidores: "Seja uma ilha em si mesmo. Busque refúgio em si." No cristianismo, ouvimos a expressão: "Opere sua própria salvação." E o indiano Manusmriti (Leis de Manu), como tantas outras fontes de sabedoria universal, afirma que "a verdadeira felicidade é filha da autossuficiência". No fundo, os sábios nos aconselham a ser autossuficientes *e* também buscar ajuda — aceitar tanto a independência quanto a interdependência. Às vezes, é importante pedir ajuda e, outras vezes, precisamos voar solo. Saber qual é a abordagem correta a adotar e quando adotá-la faz parte do jogo do paradoxo.

Todos já vivenciamos os conflitos desse paradoxo. Como crianças e, depois, como adultos, desejamos sair da barra da saia dos pais quando literal e figurativamente aprendemos a caminhar com nossos próprios pés. Como adultos, às vezes, podemos nos surpreender fazendo exatamente o oposto. Apegamo-nos desesperadamente a alguma coisa ou a alguém, quando na verdade é hora de seguir adiante e de deixar o outro fazer o mesmo.

A vida está sempre tentando nos levar de volta ao equilíbrio. Se somos muito independentes, nos pegamos em situações em que precisamos colaborar para sobreviver. Se somos dependentes ou passivos demais, mais cedo ou mais tarde a vida nos afastará de relacionamentos, pessoas, empregos ou posses que nos impedem de progredir. Por exemplo, quando eu estava na casa dos 20 anos, trabalhei durante algum tempo como editora do turno da noite. Aquela era uma existência solitária; no entanto, ela me obrigava a assumir mais responsabilidades. Eu tinha que encaminhar projetos, validar provas de matérias e tomar decisões críticas sem ajuda.

Não era fácil, e durante algum tempo senti que tinha sido reduzida à condição de viver na lua. Mais tarde, cheguei à conclusão de que a situação era perfeita para fortalecer meus pontos fracos, principalmente minha indecisão e falta de confiança. Ela me preparou para ser mais autoconfiante e, finalmente, administrar todo um departamento editorial. Como uma ave que sabe o que é melhor para os filhotinhos, a vida nos empurra para fora de nossos ninhos confortáveis. Ou, se formos realmente teimosos, nos dá um chute no traseiro para nos fazer voar sozinhos.

UM SINAL DE FORÇA

A natureza é cheia de metáforas que nos ajudam a entender o paradoxo de buscar ajuda ou voar sozinho. Veja o hábito que algumas aves têm de voar juntas numa formação em V. Voar dessa forma economiza energia, diminuindo a resistência que as aves encontrariam se voassem sós. Dessa forma, o bando consegue ir muito mais longe do que as aves sozinhas poderiam ir. Os cientistas pensam que a formação em V também permite que as aves se comuniquem visualmente durante as longas migrações, de modo a não perder com facilidade membros do bando. Quando a ave que vai à frente e trabalha mais fica exausta e se desloca para trás, imediatamente outra assume a dianteira. Na verdade, todas têm chance de liderar. A sobrevivência durante essas migrações olímpicas depende da força individual e do trabalho em equipe. Essas condições, naturalmente, integram as habilidades de autoconfiança e apoio.

Para nós, esse tipo de integração nem sempre é natural. Alguns não gostam de pedir ajuda. Se for esse o seu caso, talvez esteja sendo prejudicado por um mito insidioso: "Se não consigo prescindir de ajuda, algo está errado comigo." Ou, pior, você pode acreditar que não merece receber ajuda. Todo mundo merece ajuda e todos precisamos aprender a ajudar e a receber ajuda.

Costumamos esquecer que mesmo as maiores estrelas em qualquer área de atividade sempre precisaram de treinadores, mentores e animadoras de torcida. O que o heroico *hobbit* Frodo Baggins teria realizado, se o amigo Samwise Gamgee não tivesse ficado ao lado dele nos bons e maus momentos, salvando-o várias vezes para que pudesse completar sua missão? O que Helen Keller teria sido capaz de fazer se não tivesse sua fiel instrutora Anne Sullivan; e Luke Skywalker sem os professores por excelência, Obi-Wan Kenobi e Yoda? Como Michael Phelps poderia ter conquistado oito medalhas de ouro e um recorde olímpico sem colegas de equipe para ajudá-lo naqueles extraordinários revezamentos? Você não é diferente. Alguém está destinado a ser sua animadora de torcida e ajudá-lo a avançar em direção à realização de seus sonhos.

MITO:

Se não consigo prescindir de ajuda,
alguma coisa está errada comigo.

MÁGICA:

Pedir ajuda é sinal de força.

Uma das maiores lições que podemos aprender na arte de dar e receber é que pedir ajuda, quando necessário, não é sinal de fraqueza, mas de força. Pedir ajuda é saudável, mostra que você acredita ser merecedor de receber. Além disso, também é um ato de amor. Quando você pede ajuda para tomar as decisões mais importantes de sua vida, está agindo com amor — por si mesmo e por aqueles que serão afetados por suas escolhas.

VAMOS CAMINHAR JUNTOS

Você pode pensar que os efeitos da ajuda são intangíveis, uma coisa meio sentimentaloide. No entanto, pesquisadores mostraram que o apoio na verdade aumenta as chances de uma vida mais longa e saudável. Um estudo pioneiro dos anos 1960 é especialmente fascinante. Roseto, uma pequena cidade da Pensilvânia, fundada por imigrantes italianos, chamou a atenção dos pesquisadores porque os habitantes apresentavam os mais baixos índices de senilidade e um índice de ataques cardíacos 40% menor, apesar de terem a alimentação, níveis de colesterol e outros fatores (como tabagismo e sedentarismo) semelhantes aos de outras cidades.

O que favorecia os habitantes de Roseto? Os pesquisadores responsabilizaram a notável coesão, confiança mútua e apoio que prevaleciam na comunidade. Os habitantes dessa pequena cidade viviam em famílias de três gerações, tinham fortes ligações familiares e comunitárias e gostavam das próprias vidas. O mais curioso é que a mudança desses fatores também mudou as estatísticas. À medida que as gerações mais novas cresciam, tornavam-se mais afluentes e alguns jovens deixavam a cidade, as tradicionais relações de coesão na família e na comunidade começaram a se perder. Coincidindo com essas mudanças, o índice de ataques cardíacos na cidade explodiu e alcançou a média nacional.

Os sábios nos dizem que um ambiente de apoio comunitário também é um fator fundamental para a saúde espiritual. "Não se distancie da comunidade", aconselhava o sábio judeu Hillel. Com essas poéticas palavras, o mestre oriental El Morya afirmou que precisamos de uma comunidade de amigos à medida que viajamos pelos caminhos da vida: "Caminhante, amigo, vamos viajar juntos. A noite se aproxima, as feras selvagens nos cercam e nossa fogueira pode apagar. Porém, se nos revezarmos para montar guarda à noite, poderemos poupar nossas forças. Amanhã, o caminho será longo e talvez fiquemos exaustos. Vamos caminhar juntos. Teremos alegria e celebração [...] Viajante, seja meu amigo."[1]

Entre os cristãos, a comunidade de amigos é chamada de igreja, da palavra grega *ekklesia*, cujo significado original era "assembleia" ou "grupo". No budismo, a importância da comunidade é tão grande que ela é uma das "três joias" que um budista procura como abrigo; as outras duas são o Buda e o Ensinamento. Gosto da forma como o monge Thich Nhat Hanh, da tradição zen-budista vietnamita, define a comunidade, conhecida por aquela tradição como *"sangha"*. Segundo ele, comunidade é um grupo de monges e freiras, além de homens e mulheres leigos "que realizam práticas juntos para promover as melhores qualidades em cada um. Para mim, realizar práticas com a *sangha* significa praticar com aqueles que nos apoiam naquele momento e nos amam [...] Se o grupo vai em direção à transformação, aquela é uma verdadeira Sangha".[2]

Aconselho que no caminho para honrar a si mesmo você pense de forma mais ampla em suas comunidades, suas redes de apoio. A comunidade cria um espaço, mesmo que seja virtual, onde você pode apoiar e ser apoiado. Sua comunidade pode ser a família, os colegas de trabalho, aqueles que compartilham seus interesses espirituais ou pessoais ou aqueles que se relacionam com você para alcançar metas criativas ou defender uma causa voltada para o serviço aos outros. Podemos fazer parte de mais de uma comunidade, porque cada rede exerce um papel diferente, ajudando-nos a aceitar nossas necessidades interiores e compartilhar nossos maiores dons. Quer você esteja se sentindo só, precisando de ajuda ou desejando amparar e servir aos outros, pense em fazer parte de uma comunidade que compartilhe seus interesses e aqueça seu coração. Se não conseguir encontrar uma comunidade que lhe agrade, funde a sua!

Para deixar as coisas claras, quando falo de "apoio" e "comunidade" não me refiro ao tipo de solidariedade que nos estimula a mergulhar na autopiedade e na lamentação, ou nos leva a assumir o papel de vítimas. Apoio é algo que nos sustenta, em vez de deprimir. É um estímulo afetuoso, aliado a opiniões honestas. Como não somos capazes de nos ver com objetividade, precisamos de amigos verdadeiros na forma de uma comunidade que sejam um espelho, refletindo de volta as nossas ações. Sem interagir, como você poderá saber se está realmente sendo amoroso e generoso, em vez de insensível e egoísta? Como saberá se está honrando aos outros e a si mesmo?

ESPAÇOS NA INTIMIDADE

Quando pede ajuda, você mostra respeito por si mesmo. No entanto, tal como as aves em sua migração longa e árdua, você também precisa contar com a própria força interior para chegar a uma meta. Para vivenciar o paradoxo de aceitar ajuda e também voar sozinho é preciso ter um agudo senso de equilíbrio. A diferença entre aceitar ajuda e permitir que os outros controlem sua vida pode não ser clara. Você alcança o equilíbrio quando procura ter uma compreensão clara do que espera daqueles que oferecem ajuda e também do que eles esperam em troca. Seja qual for o apoio recebido, lembre-se de que, no fim das contas, você é quem deve tomar as decisões que o afetam diretamente. Você precisa ser a estrela-guia em sua vida.

Mesmo nos relacionamentos íntimos, onde é natural haver amparo mútuo, é essencial conseguir um equilíbrio entre se apoiar no outro e ficar firme nos próprios pés. Em uma de minhas obras literárias favoritas, *O profeta*, do escritor libanês Khalil Gibran, o amado sábio de Orphalese discute essa necessidade de equilíbrio. Quando lhe pedem para falar sobre o casamento, ele responde: "Deixai que haja espaços em vossa intimidade [...] Cantai, dançai e sede felizes juntos, mas permiti a cada um ficar sozinho, assim como, apesar de independentes, as cordas do alaúde vibram o mesmo acorde [...] Sede unidos, porém sem exagero, pois as colunas do templo são espaçadas e o carvalho e o cipreste não crescem à sombra um do outro."[3]

A seguinte história hassídica também mostra porque é indispensável ser autossuficiente. Um jovem rabino queixou-se a seu mentor que se sentia cheio de vida quando estudava; no entanto, esse sentimento desaparecia quando ele se afastava daquela fonte de amparo e passava a cuidar das atividades do dia a dia. "O que devo fazer?", perguntou. Seu sábio mestre respondeu por meio de uma analogia muito apropriada:

"Devemos ser como o homem que caminha pela floresta escura, acompanhado de um amigo. Haverá um momento em que os dois companheiros precisarão separar-se e cada um seguir seu caminho. Ninguém sentirá medo se cada um carregar a própria lanterna." Quando for o caso, você deve poder confiar em sua própria capacidade de iluminar o caminho.

Esse conselho pode ser aplicado a todos os relacionamentos. Ao longo da vida, você será solicitado a prestar e receber ajuda de muitas maneiras. A mágica acontece quando todos os envolvidos, inclusive você, podem desenvolver inteiramente seu potencial. Em relacionamentos profissionais, observe o que acontece quando, embora grato pelo apoio recebido, você também aprecia novas perspectivas e estimula a capacidade de inovação dos outros. Nos relacionamentos íntimos, dê-se tempo e espaço para acolher os desejos do seu coração e da sua alma.

MITO:

Os melhores relacionamentos são feitos de apoio constante, união e unanimidade.

MÁGICA:

Meus relacionamentos são mais fortes quando dou atenção a meus interesses e cultivo meus pontos fortes.

Se você não se permite exercitar seus músculos interiores, mente e coração, eles atrofiam. Jessica e a mãe foram rudemente despertadas para essa lição. Ao se aproximar dos 30 anos, Jessica tinha o péssimo hábito de gastar demais no cartão de crédito. Ela não conseguia limitar as despesas aos recursos de que dispunha. Esse problema por si só já era bastante ruim, mas havia outro igualmente complicado: a mãe sempre pagava as dívidas dela. Sharifa, a mãe de Jessica, sempre vinha em socorro da filha, quitando a dívida dos cartões de crédito quando a situação ficava crítica.

Sendo uma mãe solteira que criou a filha sozinha, Sharifa era superprotetora. Pensava que pagar as dívidas de Jessica era uma maneira de demonstrar amor. Jessica começou a se sentir mal com essa situação. Dando a ela o devido crédito (sem trocadilho), devemos considerar que ela percebeu que precisava superar o hábito de gastar demais se quisesse construir um futuro financeiro sólido. Adorava a mãe, mas não queria ser dependente pelo resto da vida. Finalmente, Jessica pediu à mãe que parasse de pagar suas dívidas.

Surpreendentemente, a proposta foi mais assustadora para a mãe do que para a filha. A principal preocupação de Sharifa não era que Jessica se visse numa situação insuperável; ela temia mesmo é que a filha se tornasse uma adulta independente e não precisasse mais dela. A mãe tinha medo de perder a filha. Felizmente, as duas conseguiram conversar sobre isso. Jessica tranquilizou a mãe, dizendo que sempre a amaria, mas, também, que precisava ser capaz de conquistar a segurança financeira pelos próprios meios.

Tal como Susan, que conhecemos no Capítulo 3, Sharifa estava aprendendo que se sacrificar nem sempre é a forma mais eficaz de amar e ajudar alguém a crescer. Todo mundo precisa aprender a voar sozinho. Não podemos viver a vida dos outros por eles, por mais que os amemos. E eles não podem viver nossa vida. Quando amamos de verdade, deixamos que os outros sejam eles mesmos e aprendam por si.

Na Antiguidade, um acrobata que fazia seu número no alto de uma vara de bambu recebeu um aprendiz. O jovem aluno foi instruído a subir no bambu e ficar de pé sobre os ombros do professor, que lhe disse: "Você cuida de mim e eu cuido de você. Se cuidarmos um do outro, ambos ficaremos seguros, teremos um bom lucro e seremos capazes de descer da vara de bambu sem correr riscos." O aluno, porém, discordou: "Não, mestre. Você precisa cuidar de si e eu preciso cuidar de mim. Se cada um de nós se proteger, poderemos fazer nosso número, ter um bom lucro e descer da vara de bambu em segurança."

Quem estava certo — o mestre ou o aprendiz? Há vários séculos, quando contou essa história, Buda explicou aos ouvintes que o aprendiz teve a ideia correta. Então, o Buda revelou um dos paradoxos encontrados na essência da arte de dar e receber: quando nos protegemos, protegemos também os outros; quando protegemos os outros, protegemos a nós mesmos. Duas verdades complementares, com implicações profundas.

Como tantos ensinamentos de sabedoria, essa história contém diversas camadas de significado. A mais óbvia nós já exploramos: quando nos protegemos — cuidamos, primeiro, de nós e atendemos nossas necessidades interiores —, reunimos a força necessária para ajudar os outros. Essa é a razão pela qual quando viajamos de avião sempre nos dizem que, em caso de emergência, devemos colocar as nossas máscaras de oxigênio antes de ajudar os outros. Se você não puder respirar, como terá condições de ajudar os outros a sobreviver? Se você está em dificuldade, como poderá tirar os outros da dificuldade? Para dizer isso em termos de paradoxo, às vezes a maior ajuda que você pode dar aos outros consiste em ajudar a si mesmo, primeiro. Reservar tempo para cuidar de si pode temporariamente parecer um ato de egoísmo ou indiferença, mas não é. Aumentar sua capacidade de doação é a maior doação que você pode fazer.

Esse conceito abrangente foi posto em ação por um jovem monge. Ao ser informado de que o Buda estava agonizante, o jovem foi para o próprio quarto meditar. Ele foi o único a não se unir à fila de visitantes que entravam e saíam do quarto do amado mestre. Julgando que ele carecia de preocupação e respeito pelo bem-estar do líder, os outros denunciaram sua conduta e ele foi levado a visitar o Buda. Quando chegou lá, o jovem monge explicou por que estivera meditando sozinho: por pensar que a maior consideração que poderia demonstrar pelo mestre seria alcançar o estado de iluminação durante a vida do Buda.

Esse jovem também sabia que o maior favor que poderia fazer àqueles que no futuro buscassem seu amparo seria usar todos os meios possíveis para desenvolver o máximo de si naquele momento. Ele tinha descoberto o princípio fundamental que dá vida à arte de dar e receber: *a maior ajuda que se pode dar aos outros é ser a melhor versão possível de si mesmo.* Voar sozinho num momento pode prepará-lo para carregar os outros em suas asas de força.

Para completar o círculo, precisamos voltar à lição sobre os acrobatas da vara de bambu. Além de dizer que "quando nos protegemos, protegemos também os outros", o Buda, paradoxalmente, também disse o oposto: "ao proteger os outros, nos protegemos." O que ele quis dizer?

Simplesmente, que ao amparar os outros e tratá-los com bondade, nos protegemos, porque criamos o tipo de mundo em que queremos viver. Nós sempre recebemos de volta aquilo que fazemos. Tudo o que sai de nós, volta a nós. Essa é a lei universal de causa e efeito. Uma das formas de operação dessa lei é o tremendo poder de nosso exemplo. Ao agir como agimos, no fundo dizemos aos outros: "É dessa forma que o mundo funciona — veja meu exemplo. Eu ajo dessa forma, portanto, é assim que espero ser tratado." Por isso, quando somos gananciosos não nos beneficiamos no longo prazo, porque estamos alimentando a ganância. Criamos, literalmente, um mundo em que todos acabarão por nos explorar. Por outro lado, quando agimos com amor e bondade, propagamos essas qualidades, e nessa espécie de mundo seremos tratados com amor e bondade. Em que tipo de mundo você prefere viver?

Recentemente, conheci uma garçonete que vivia de acordo com o princípio que dizia que, "protegendo os outros, nós nos protegemos". Eu estava jantando com amigos no restaurante self-service e a jovem que anotou nosso pedido e trouxe nossas bebidas era tão alegre e simpática que minha amiga quis ter certeza de que ela receberia a gorjeta toda. Quando minha amiga perguntou-lhe se ela tinha de dividir a gorjeta com os outros garçons, a moça imediatamente respondeu: "Todos nós dividimos! Se eu não dividisse, meus colegas não dividiriam a gorjeta deles comigo." Com seu coração puro, ela instintivamente sabia que a forma com que tratasse os outros voltaria para ela. Para mim, isso foi mais um lembrete da poderosa e inexorável lei do círculo. Quando tratamos bem os outros, e os ajudamos, também somos tratados com respeito e recebemos ajuda.

CHAVES PARA
ALCANÇAR O EQUILÍBRIO

É hora de buscar ajuda ou de agir por conta própria?

Enquanto cresce e evolui, cada parte da vida naturalmente oscila entre buscar ajuda ou voar com as próprias asas. Só fazemos progresso real e duradouro quando esses elementos estão em equilíbrio. Tender demais ou durante muito tempo para um dos dois lados retarda nosso avanço. As quatro perguntas e dicas a seguir podem ajudar-nos a identificar que parte do paradoxo precisa de nossa atenção para que possamos recuperar o equilíbrio e avançar com a máxima velocidade.

- **Existe em sua vida alguma área em que tente progredir sem ajuda, mas se sinta empacado?** Que tipo de ajuda lhe permitiria avançar mais depressa? Lembre-se de que a ajuda pode ser física, mental, emocional ou espiritual. Pode ser qualquer coisa: desde fazer uma massagem uma vez por semana até associar-se a uma comunidade em que você possa compartilhar sua paixão com outros. Pode envolver conversar com alguém de confiança sobre uma decisão ou participar do seu meio de inspiração favorito. No espírito do dar e receber, pense na possibilidade de trocar serviços com alguém de cuja ajuda precise. Que passo você pode dar agora mesmo para conseguir apoio, orientação ou conselhos na área em que se sente paralisado?

- **Você tende a procurar resolver sozinho todos os desafios da vida?** Se você tem dificuldade para pedir ajuda, lembre-se de duas verdades: primeiro, pedir ajuda é uma atitude de amor e de força. Receber a ajuda correta para tomar decisões melhores e dar o próximo passo é uma forma de se tratar com respeito e de respeitar aqueles que hoje e no futuro serão afetados por suas escolhas. Em segundo lugar, as pessoas estão mais dispostas a ajudá-lo do que você imagina. Se aqueles que você procurar não puderem ou não quiserem ajudar, naquele momento, isso não significa que você não tenha merecimento. Significa apenas que ainda não encontrou os auxiliares corretos. Você os encontrará.

- **Você está pessoal ou profissionalmente envolvido com alguém que toma decisões que você deveria tomar?** O que gostaria de dizer a essa pessoa sobre seus sentimentos? O que gostaria de pedir a ele ou ela? Tente colocar no papel o que deseja dizer antes de explicar pessoalmente. Talvez você até mesmo precise mandar sua mensagem por escrito para expressar completamente o que tem dificuldade de dizer cara a cara. Procure acompanhar o resultado para ter certeza de que seu interlocutor entendeu o que você está pedindo e que vocês dois têm as mesmas expectativas.

- **Existem espaços em sua intimidade?** Ter um relacionamento íntimo não significa abrir mão de ser você mesmo.

Na verdade, você pode ficar irritado com aqueles que ama simplesmente porque, de vez em quando, precisa de algum tempo sozinho, precisa de um espaço para respirar. Não existem duas pessoas com os mesmos interesses e não é saudável esperar que isso aconteça. Você permite e estimula os interesses individuais próprios e de seu parceiro, ou parceira? Reserve algum tempo exclusivo para si e deixe que seu parceiro faça o mesmo. O resultado será vocês terem mais a oferecer um ao outro e ao mundo.

PARTE DOIS

DOE-SE *e* HONRE SEU CORAÇÃO

Quando dou, é a mim que dou.

— Walt Whitman

À medida que nos aprofundamos na arte de dar e receber, vemos que deixar de lado os assuntos que nos cercam para atender nossas necessidades não é a única maneira de nos dignificarmos. Também nos honramos adotando a atitude oposta – quando não retemos, mas ofertamos tudo o que podemos. Para compreender a verdade contida nessa ideia, precisamos dissecar nossas crenças arraigadas sobre presentes, muitas das quais nos impedem de dar o presente mais importante que temos – o coração. Por meio de uma abordagem criativa e centrada no coração, descobrimos nossa essência. Descobrimos que somos capazes de dar. E aprendemos que o importante não é só *o que* damos, mas *como* e *quando* damos.

CAPÍTULO 5

MELHOR DO QUE MAIOR

Dar bens é dar muito pouco. Só damos realmente quando nos doamos.

— KAHLIL GIBRAN

"*O generoso é quem mais recebe. Ganhamos a vida com o que recebemos, mas criamos a vida com o que damos.*" Mito ou mágica? Depende do porquê, do quando e de como damos — e tudo isso depende, unicamente, do coração.

Nas pequenas coisas do dia a dia é fácil perder de vista o significado dos momentos. É fácil esquecer o fato de que dar, em sua essência, é uma atividade criativa do coração. Não somos meros reagentes, somos agentes; não somos imitadores, somos criadores. As palavras de sabedoria que escutamos sobre a doação não passam de lugares-comuns se não soubermos por experiência própria que a dádiva não é renúncia, é entrega; é dar à luz nós mesmos e criar com o coração.

Você é um criador. Diariamente, você é abençoado com uma dose de energia para fazer o que quiser. Essa energia move seu coração, faz você respirar e lhe dá disposição para atravessar o dia. Sua dádiva para a vida é o produto do que você decide fazer com essa energia, canalizando-a para os pensamentos, sentimentos e interações com os outros.

MITO:

A vida acontece, e muitas vezes só posso reagir.

MÁGICA:

Sou um criador. Diariamente, decido como vou usar meu poder criativo para dar forma à minha vida e para me doar aos outros.

Tendemos a pensar que os atos de dar e receber acontecem quando entregamos alguma coisa embrulhada em papel de presente e enfeitada com um laço de fita, mas na realidade estamos sempre dando alguma coisa. Damos algo à luz a cada momento. Quando fazemos uma dádiva, usamos a energia generosamente colocada à nossa disposição pelo universo e atribuímos forma e expressão a essa energia. Por assim dizer, colocamos sobre ela nossa assinatura pessoal, a assinatura do coração. Elizabeth Clare Prophet, uma pioneira na prática da espiritualidade, disse: "O amor é a força criativa e o poder de criação. Nós criamos juntamente com Deus. É uma responsabilidade impressionante. O que você vai fazer do seu poder de criação? O que você vai criar?"

Na linguagem do coração, uma dádiva pode ser traduzida como fazer a oferenda de parte de si mesmo a alguém que, naquele momento, precisa daquilo mais do que você. Ao dar dessa forma, você não se limita a honrar aos outros.

Também honra a si mesmo, porque deixa seu coração cumprir o papel que lhe cabe: dar e receber amor. O psicólogo e filósofo Eric Fromm descreve a questão nos seguintes termos: "A dádiva é a expressão mais elevada de potência. No próprio ato de dar experimento minha força, minha riqueza, meu poder [...] Dar traz mais alegria do que receber, não porque seja uma privação, mas porque, nesse ato, está contida a expressão da minha condição de estar vivo."[1]

Como podemos saber se nossa dádiva é a expressão mais elevada de nossa condição de estar vivos? Não é preciso ser vidente para perceber a forma e a expressão assumida por nossas criações energéticas. É fácil — simplesmente observe seu efeito sobre os outros. Observe a expressão no rosto da vendedora de quem você se queixa ou a quem elogia; ou a expressão de seus filhos quando veem como você interage com quem acaba de roubar sua vaga no estacionamento.

COMO DAMOS

Às vezes, você pode sentir que não tem escolha, que está sendo obrigado a se doar, e que, portanto, tem o direito de reclamar. Esse tipo de doação, mais amarga do que agradável, traz uma mensagem valiosa. Queixas, irritação, ressentimento e a necessidade de sonegar alguma coisa podem ser sinais de que, de alguma forma, você não está mantendo o equilíbrio entre o que dá aos outros e o que precisa dar a si mesmo. Se perceber que não é capaz de ser generoso do fundo do coração, não se condene. Quando perceber que hesita em dar, saiba que essa não é uma questão de certo ou errado, de bom ou mau. Trata-se de uma questão de descobrir o porquê e de ajustar o fluxo.

Estar fora de equilíbrio é apenas uma razão pela qual podemos não conseguir ser francamente generosos. Outra razão pode ser o fato de termos sido condicionados por uma cultura materialista cujas crenças arraigadas mascaram a mágica encontrada no ato de doar com o coração. O reformador aborígine norte-americano Charles Alexander Eastman (Ohiyesa) se referia a isso quando declarou: "Quando criança, eu sabia como me doar. Esqueci essa graça depois que me tornei civilizado. Eu vivia a vida natural, ao passo que agora vivo a vida artificial."

Hoje, mais do que nunca, somos afogados em mensagens na mídia que tentam nos convencer a comprar mais e por mais dinheiro. Quando as crianças avaliam seus presentes de aniversário ou de Natal, o que for maior ou em maior quantidade sempre parecerá melhor. Nunca esquecerei as lágrimas de uma de minhas sobrinhas pequenas na manhã de Natal quando terminou de desembrulhar os dois presentes que eu lhe dei e percebeu que a irmã tinha mais um presente nosso para abrir. Ela se sentiu espoliada, embora nós tivéssemos feito questão de gastar a mesma quantia com cada uma delas.

No entanto, pense um instante sobre as ocasiões em que, na infância ou na vida adulta, você se sentiu mais alegre, feliz ou em paz. Esses momentos foram realmente definidos pela quantidade de dinheiro que alguém gastou com você? Ou o motivo de seu sentimento de exuberância foi o tempo e a atenção que recebeu ou o sentimento de intimidade e conexão que experimentou? Quanto mais sábios nos tornamos em questões do coração, mais percebemos que os presentes maiores e mais caros não são necessariamente os melhores. Melhor do que receber mais é receber a dádiva do coração.

MITO:

Quanto maiores e mais caros forem os presentes que dou e recebo, melhor.

MÁGICA:

Melhor e maior é a dádiva do coração.

Em um dia de verão, pouco tempo depois que meu marido e eu nos mudamos para uma casa nova, Sophie, minha vizinha de quase 5 anos afastou os arbustos que separam o quintal dela do meu e se apresentou. Depois de termos trocado informações importantes sobre cada uma, como a idade dela e da irmã e os nomes dos meus gatos, ela subitamente perguntou qual era minha cor favorita. "Hum, eu gosto de amarelo", respondi. Ela se afastou imediatamente, desaparecendo na lateral da casa e gritando: "Não saia daí, não saia daí!" Quando voltou, trazia um presente: "Aqui está uma flor do nosso jardim", anunciou. "Uma flor amarela." Com um sorriso tão grande que valia por dois, ela esticou o braço em minha direção. Segurava cuidadosamente entre os dedos um amor-perfeito amarelo.

Já se passaram alguns anos desde que Sophie me presenteou com o amor-perfeito, e tenho certeza de que ela esqueceu o ocorrido. No entanto, jamais esquecerei o presente e o sorriso que se projetou do coração dela, aterrissando diretamente no meu. Ela sabia, instintivamente, aquilo que o Bhagavad Gita, o adorado clássico indiano, ensinou há milênios: "Aquele que faz com devoção uma oferenda a mim [Deus], seja apenas uma folha, uma flor ou uma fruta, ou mesmo um pouco de água, isso eu aceito daquela alma devotada porque foi ofertado por um coração puro e com amor."[2] O que conta não é apenas *o que* damos, mas *como* damos. Não é o tamanho do presente, mas o tamanho do coração.

OS PRESENTES PODEM SER UMA FUGA?

Não importa quanto você gaste no presente, ele não compensa o que o seu coração sente. Na verdade, esses presentes grandes e caros podem ser uma fuga. Todo mundo já fez isso — correr para uma loja no último minuto para comprar um presente para alguém, qualquer presente. Compramos alguma coisa de que gostamos e nos surpreendemos quando o presenteado não parece apreciar aquilo. Nenhuma dessas duas formas de dar vai realmente ao encontro das necessidades do outro ou respeita o espírito criativo dentro de nós.

Os presentes mais especiais são aqueles que damos com o coração e não apenas com a cabeça. Certa vez, uma vizinha mencionou que o marido e os dois filhos tinham dado no Dia das Mães o melhor presente que ela já recebera — um vale para uma massagem. "Aquilo foi uma grande surpresa", disse. "Tenho tudo, não preciso de mais nada. Disse a eles que sempre me dessem massagens!" O presente da família atingiu o alvo — o coração — porque eles examinaram os próprios corações e descobriram o que ela realmente precisava.

Joanie, a apresentadora de um programa de rádio que uma vez me convidou para o seu programa, contou como recentemente se tornou criativa no ato de presentear. Ela foi convidada para o chá de bebê de uma amiga que esperava gêmeos. Joanie sabia que a amiga ficaria muito ocupada depois que os bebês chegassem, portanto, comprou uma roupinha para os bebês, mas também deu à amiga um crédito para durante um ano chamá-la a qualquer momento para ajudar a dobrar a roupa lavada. "Minha amiga ficou fascinada. Ela gostou mais daquilo do que de qualquer outra coisa que eu pudesse ter-lhe dado."

Uma de minhas recordações especiais da infância é como minha família gostava dos meus cartões de aniversário feitos em casa. Quando criança, eu adorava desenhar cartões e escrever dedicatórias bonitas para meus pais e para minhas irmãs. Nunca esquecerei como meus pais me diziam o quanto adoravam minhas criações. Eles me estimularam a continuar produzindo cartões com meu toque pessoal, em vez de comprar os exuberantes cartões genéricos da papelaria.

Toda oportunidade para dar presentes é uma chance de dar uma parte especial de nós mesmos. Margaret, por exemplo, durante a maior parte da vida trabalhou com a premissa de que o tempo que dedicamos a um amigo é mais importante do que dar ou receber um presente físico. Tendo nascido e sido criada na Irlanda, cresceu em um ambiente em que somente as crianças recebem presentes nas festas de fim de ano. Certo ano, Margaret explicou a Sandra, uma colega de trabalho, que se tornou uma boa amiga, como se sentia com relação à troca de presentes. Margaret chamou Sandra para um canto e disse francamente: "Preciso revelar para você o que faço com todos os meus amigos. Não me dê um presente de Natal ou de aniversário, porque eu não quero. O que vou fazer com mais objetos? Se você quiser sair comigo para almoçar, será ótimo, porque passaremos algum tempo juntas. Mas, se me der um presente, precisará trabalhar mais para pagar por ele e terá menos tempo para passar comigo."

Quem me contou essa história foi Sandra: "Na verdade, fiquei aliviada quando ouvi aquilo, e valorizei ainda mais a amizade de Margaret." Sandra também me contou que há alguns anos, na época do Natal, decidiu fazer algo semelhante. Ela declarou aos parentes e amigos próximos que, em vez de comprar presentes para eles, queria passar algum tempo sozinha com cada um. "Foi o melhor Natal da minha vida", recorda ela, sorrindo. "Pude passar algum tempo com todas as pessoas de quem mais gosto, sem precisar correr para fazer compras. Na verdade, não fui ao shopping nem uma vez!"

A DÁDIVA DA ATENÇÃO NÃO DIVIDIDA

Um dos presentes mais importantes que podemos dar nessa época moderna e atarefada em que vivemos é nosso tempo. Com tantas exigências sobre nós, muitas vezes nos pegamos conversando com alguém ou ouvindo quem precisa de nós enquanto dirigimos, vemos televisão, falamos ao celular, enviamos mensagens de texto, preparamos o jantar, examinamos a correspondência ou prestamos atenção a tudo o que acontece em torno. Estamos presentes apenas pela metade. Estamos nos doando apenas pela metade. É impossível dar-se completamente se não dedicarmos atenção integral. Isso parece simples, mas com que frequência acontece? Quantas vezes mantemos uma conexão integral com aqueles que precisam de nós?

A prática de focalizar a atenção, de estar presente e totalmente consciente do momento é preconizada por instrutores do Oriente e do Ocidente. De acordo com o asceta cristão Basílio de Cesareia: "Não podemos realmente amar a Deus ou ao próximo se nossa mente estiver eternamente distraída."

Para os mestres zen é indispensável estarmos completamente conscientes e abertos para o que acontece a cada momento. Um famoso mestre zen falou sobre isso: "Quando caminhar, apenas caminhe. Quando se sentar, apenas se sente. Mas, acima de tudo, não se remexa na cadeira!"

Dar a alguém uma atenção concentrada nutre e cura. Essa atitude cria o raro e precioso bem da verdadeira intimidade e conexão. Como podemos saber se duas pessoas estão muito apaixonadas? Para começar, como diz o ditado, os apaixonados só têm olhos um para o outro. O olhar de cada um está fixado no amado — de tal forma que eles nem percebem o que acontece em torno. Quando estamos dentro do caloroso abraço de um círculo de energia, sabemos que, naquele momento, somos o único objeto da atenção de nosso parceiro. Nos sentimos profundamente amados e amparados. Uma conexão focalizada, situada no coração, é um ingrediente essencial para um bom relacionamento em qualquer situação.

Experimentei o poder transformador da atenção concentrada quando supervisionava aquele departamento que mencionei. Quando estava sentada em minha mesa de trabalho, ouvindo relatos de questões que pediam atenção, ao mesmo tempo e inevitavelmente meu telefone tocava, trazendo notícias de algum problema urgente que precisava ser resolvido. Eu não percebia como era irritante e desrespeitoso para com meus colegas o fato de atender àquelas ligações até que um deles chamou minha atenção para isso. Comecei a desligar o telefone e deixar as chamadas serem atendidas pela caixa postal quando estava envolvida em alguma conversa crucial ou urgente. Graças a isso, pude ver que era capaz de compreender e resolver mais prontamente qualquer problema. O mais importante é que essa atitude ajudou a criar relacionamentos mais sólidos e compassivos. A doação de nosso tempo ou de nossa atenção focalizada pode criar mágica em qualquer relacionamento: em casa, no trabalho ou no lazer.

CAPÍTULO 6

O QUE DAR e QUANDO DAR?

— Quero dizer, o que é um presente de desaniversário?
— É um presente que a gente ganha quando não é nosso aniversário, é claro. [...] Temos 364 dias para ganhar presentes de desaniversário..."

— ALICE E HUMPTY DUMPTY

Aniversários, formaturas, casamentos, aniversários de casamento, Natal, Chanucá e tantas outras ocasiões para dar presentes. No entanto, em geral, os presentes mais apreciados são os que chegam em *des*aniversários, *des*natais ou outras *des*datas comemorativas.

Khalil Gibran escreveu: "É bom dar um presente nas ocasiões de praxe, porém, é melhor dar sem solicitação, pelo sentimento."[1] Com que frequência você faz uma pausa para entender o coração de alguém e dar espontaneamente — talvez um ramo de flores para comemorar um projeto bem-realizado, um livro especial para agradecer a bondade de alguém ou um belo cartão com uma mensagem pessoal para alegrar um amigo em dificuldade?

As pessoas precisam mais de nossas dádivas quando estão passando por dificuldades, no entanto, essas são as ocasiões em que somos mais tentados a não dá-las. Levamos para o lado pessoal as queixas grosseiras ou os ataques de nervos quando tudo isso é apenas um pedido de socorro e ajuda. Perguntamos: "O que há com você?" em vez de perguntar: "Por que você está sofrendo e o que posso fazer para ajudar?" Na estrutura de sua profunda devoção, madre Teresa de Calcutá capturou na oração diária de seu orfanato essa forma dinâmica de dar: "Deus Amado, que eu possa ver-te hoje e todo dia na pessoa dos doentes; que, enquanto cuido deles, eu possa cuidar de ti. Embora te escondas sob o disfarce pouco atraente do irascível, do exigente, do irracional, que mesmo assim eu possa reconhecer-te."[2]

MITO:

As ocasiões especiais são o momento de dar presentes.

MÁGICA:

Dar um presente inesperado cria mágica – abre o coração de quem recebe meus presentes, e isso abre meu coração.

Às vezes, os melhores presentes são os que violam as regras que aprendemos sobre dar, como mostra essa história preservada pelos pais do deserto, os monges cristãos que viviam como eremitas nos desertos do Egito. Ela fala de dois jovens monges que perguntaram a Abba Poemen o que ele achava que deveriam fazer se surpreendessem outros monges dormindo durante as orações. "Devemos beliscá-los para que fiquem acordados?", perguntaram os jovens monges, preocupados com esse aparente desrespeito ao ritual sagrado. "Ora", respondeu o irmão mais experiente, "se eu surpreender um irmão dormindo, coloco a cabeça dele no meu colo e deixo que descanse."

COMO SE RENDER AOS INSTINTOS DO CORAÇÃO

Uma história da tradição indiana também fala das dádivas do coração feitas de uma forma que atenda às necessidades veladas de alguém. Um jovem discípulo (que mais tarde se tornaria um amado mestre indiano) foi severamente censurado por seu mestre porque não conseguiu realizar a contento uma tarefa. Um aluno mais adiantado que estava presente percebeu a tristeza e a perplexidade do jovem e perguntou: "Você sabe por que o mestre é tão exigente com você?"

O rapaz admitiu que a censura parecia excessiva e disse que não via onde podia ter errado. O outro discípulo então explicou que há três tipos de alunos. Os de terceira classe limitam-se a obedecer às instruções do mestre. Os de segunda classe não precisam receber instruções para fazer alguma coisa: eles sentem intuitivamente o que devem fazer quando o pensamento surge na mente do mestre. O discípulo de primeira classe, porém, age antes mesmo que o mestre tenha tempo de pensar no que precisa.[3]

Assim como um treinador empurra os jogadores para além da zona de conforto para que se tornem fortes e sejam excelentes no esporte, o exigente mestre dessa história queria que seu jovem discípulo se tornasse mais do que um doador mediano; queria que ele fosse um doador de primeira classe. Queria que o discípulo aprendesse como é essencial em todo relacionamento abrir as portas do coração e se antecipar à necessidade dos outros, razão pela qual fez tanta questão de obrigar o jovem a entender essa lição.

A vida pede que cada um de nós se renda àquele instinto do coração, que alcance tanta sintonia com a necessidade dos outros que se torne um instrumento de conforto e cura. Isso não é uma meta grandiosa e inatingível. À sua própria maneira, você sempre terá alguma coisa a dar, seja um generoso sorriso de estímulo, sejam palavras elogiosas, uma ajuda, uma perspectiva ou habilidade especial ou simplesmente uma disposição para ouvir. Você tem um papel a cumprir dentro de sua esfera de influência e seu coração lhe mostrará o quê, como e quando deve dar. Basta ouvi-lo.

ESTAMOS SEMPRE ENSINANDO

"Mamãe, quando eu crescer quero ser igual a você", declarou Tara para a mãe, certo dia, quando voltavam para casa de carro. A mãe estava circulando habilmente pelo trânsito da mesma forma com que lidava com os inúmeros detalhes que compunham seu dia. "Por que você quer ser como eu?", perguntou a mãe. "Gosto da maneira como você faz as coisas", respondeu a garotinha.

Mais tarde a mãe de Tara me revelou que teve uma conversa com a filha quando chegaram em casa. Sim, ela era especialista em manter uma porção de bolas no ar ao mesmo tempo, por ser uma mãe solteira que trabalha em horário integral numa carreira exigente e por administrar as emergências do trabalho quando surgem, a qualquer hora do dia ou da noite. No entanto, isso era o que ela tinha de mais importante para ensinar à filha. "Expliquei à minha filhinha que a vida é mais do que dar conta de tudo. Eu queria que ela soubesse que ainda mais importante é o que fazemos com o coração, a maneira como tratamos os outros."

Embora nem sempre sejamos capazes de perceber isso, ensinamos o tempo todo, e as criancinhas em nossa vida são especialmente receptivas. Observar qualquer criança de 2 anos mostra que os pequeninos adoram imitar. Eles absorvem muito mais do que percebemos. Na verdade, a Dra. Maria Montessori, a primeira mulher italiana a receber um diploma de medicina e fundadora do método educacional montessoriano, cunhou o termo "mente absorvente" para descrever as crianças de até 6 anos; tal como esponjas, elas absorvem tudo o que veem ao seu redor.

Um dia parei numa esquina ao lado de uma mulher com dois filhos que esperava para atravessar a rua. O sinal estava fechado para os pedestres, mas minha amiga e eu estávamos com pressa e ficamos na ponta da calçada, esticando o pescoço para ver se podíamos enganar o tráfego e chegar em segurança ao outro lado da rua. A mulher se voltou para nós e disse, suavemente: "Isso não vai ser um bom exemplo." Olhamos para baixo e vimos dois pequenos corpos com dois imensos pares de olhos fixados em nós. Agora penso duas vezes quando paro no sinal fechado.

Não são apenas as crianças que observam e absorvem; todo mundo faz isso. Você talvez não se considere um exemplo para os outros, mas os sábios nos dizem que a vida, mesmo nos planos espirituais, está organizada de tal forma que todos estamos sempre desempenhando os papéis de professor e aluno. Em sua vida há pessoas a quem você deve ensinar, assim como há aqueles com quem você vai aprender. Sua atitude e suas palavras, comportamento e ações, tudo isso estabelece um exemplo para alguém. Quer você esteja de pé num ponto de ônibus, quer esteja em uma reunião, buscando os filhos na escola ou esperando numa longa fila de impacientes dependentes de cafeína no Starbucks, você sempre estará ensinando alguma coisa.

MITO:

Minhas ações do dia a dia não têm grande efeito sobre os outros.

MÁGICA:

O que eu dou e como dou pode mudar o mundo; meu exemplo está sempre doando e ensinando.

Se você acha que as ações e reações menos importantes exercem pouco efeito ou quase nenhum, pense melhor. Assim como cientistas nos falam do "efeito borboleta" (o movimento das asas de uma borboleta na Louisiana pode acabar por criar um tsunami no Sudeste Asiático), os sábios nos lembram que nossas ações podem, literalmente, mudar o mundo. Liu I-ming, um taoista do século XVIII, expressou esse sentimento ao escrever: "Um sábio disse: ' Se você conseguir durante todo um dia ter controle sobre si e voltar a ter um comportamento cheio de consideração, o mundo inteiro voltará a agir com humanidade.' Você acha que um comportamento humano depende de você ou dos outros? Na verdade, essa é a mensagem sutil dessa citação."[4]

DAMOS O QUE SOMOS

A forma como vivemos é nosso maior presente ao mundo. Essa é a chave da questão. Désiré-Joseph Mercier, o famoso cardeal que fez frente à ocupação alemã na Bélgica na Primeira Guerra Mundial, falou sobre isso de forma simples e bela: "Não devemos dar apenas o que temos; também devemos dar o que somos."

Podemos ver isso numa história antiga, talvez originária da Índia. Certo dia, uma mulher que viajava sozinha pelas montanhas encontrou em um riacho uma pedra preciosa e guardou-a em sua bagagem. Mais tarde, passou por um homem que estivera caminhando pelas montanhas durante muitos dias e estava faminto. Gentilmente, a mulher abriu a bagagem para oferecer alimento ao homem, que não pôde deixar de perceber o que ela tinha encontrado. Viu que aquilo não era apenas uma pedra, mas uma gema tão preciosa que ele poderia vendê-la e viver o resto da vida com o dinheiro. Pediu a gema à mulher. Imediatamente, ela pegou a pedra preciosa e entregou-a ao homem. Ele foi embora com o tesouro, feliz com o golpe de sorte.

Alguns dias mais tarde, prosseguindo em sua viagem, a mulher mais uma vez encontrou o homem. Ele tinha dado meia-volta e corria em direção a ela com a pedra na mão, dizendo: "Sábia mulher, agradeço pelo presente dessa pedra preciosa. Ela é valiosa, mas gostaria de devolvê-la, porque quero pedir algo ainda mais importante. Por favor, me dê o que você tem dentro de si e que lhe permitiu abrir mão desta pedra em meu favor." Tal como essa mulher sábia, o que você é será para os outros uma inspiração muito maior do que qualquer coisa que você diga.

CAPÍTULO 7

A MÁGICA DA CIRCULAÇÃO

Tudo é seu, porém, somente na condição infinitamente importante de que seja dado.

— Thomas Merton

Numa cultura em que sucesso e posição social são definidos pelo preço que pagamos por nossos carros, roupas, casas, férias e novidades tecnológicas, é difícil ter em mente que felicidade e sucesso não são consequência do que podemos comprar e do número de zeros à direita na etiqueta de preço. No entanto, essa questão é vital. Nossos filhos precisam aprender conosco que acumular incessantemente não gera mais felicidade.

Em sua obra clássica *Eu estou OK, você está OK*, o Dr. Thomas A. Harris revela que nossa "necessidade de algo maior, melhor e mais numeroso" tem origem no desejo da criança vulnerável dentro de nós, que quer se sentir melhor. Ele diz que, mesmo depois de adultos, continuamos a carregar a crença oculta que formamos na infância: simplesmente não estamos bem. Muito tempo depois dos acontecimentos que nos criaram esse sentimento, continuamos a acumular cada vez mais bens materiais para afastar a sensação. Cercar-nos de bens materiais pode ser uma forma de tentar bloquear o medo de não ser amado, de ser abandonado, antipatizado, enganado e ridicularizado. Nesse processo, podemos ficar como a criança confusa descrita por Harris; quando lhe perguntaram num programa infantil de televisão o que ganhou como presente de Natal, o garotinho respondeu: "Não sei, foi tanta coisa!"[1]

Se o que acumulamos pudesse realmente nos fazer felizes, não ouviríamos falar de tantos ricos e famosos que são viciados, deprimidos ou autodestrutivos. Tendo analisado milhares de estudos realizados em todo o mundo, o psicólogo social David Myers escreveu sobre os fatores que realmente nos fazem felizes ou infelizes. O que Myers descobriu não é o que poderíamos imaginar. Segundo ele, em 2002 a renda *per capita* dos Estados Unidos foi mais do que o dobro do que era em 1957, descontando-se a inflação. Essa riqueza permite aos americanos comprar o dobro dos bens materiais, mas isso os deixou mais felizes? Em um dos maiores paradoxos de nosso tempo, a resposta é não.

Não só não ficamos mais felizes, afirma Myers, mas, atualmente, temos o dobro dos divórcios, quase três vezes mais suicídios de adolescentes e um número espantoso de indivíduos com depressão. O pesquisador diz que na Europa, na Austrália e no Japão também é verdade que o aumento da renda não trouxe mais felicidade.[2] Myers acredita que fatores muito mais importantes levam à felicidade, como viver o momento presente, descansar, ter controle sobre o tempo e cultivar amizades, só para mencionar alguns.[3] O interessante é que esses fatores apontam claramente para um hábito saudável de respeito por si mesmo.

A colunista Jean Chatzky, da revista *Money*, entrevistou mais de 1.500 pessoas para seu livro *You Don't Have to Be Rich* e também chegou à conclusão de que o dinheiro não exerce um papel tão importante em nossa felicidade. A pesquisa dela mostrou que é importante ter dinheiro suficiente para habitação, alimentação, transporte e lazer, mas, depois que uma família alcança certo nível de renda, mais dinheiro não vai deixar seus membros mais felizes.[4]

OBTER E ABRIR MÃO

Os indivíduos iluminados de todas as culturas há muito tempo viram a falácia do mito de que a felicidade e o sucesso são definidos pelo conteúdo da carteira. Na realidade eles descobriram que a felicidade e o sucesso dependem de um fator de máxima importância: a circulação.

Ao observar a natureza ao nosso redor, vemos que o mundo dá e recebe, obtém e abre mão de forma natural e contínua. Estamos em harmonia com esse fluxo universal quando fazemos o mesmo — quando percebemos que devemos compartilhar aquilo que nos é dado. Foi *para isso* que tudo aquilo nos foi dado. No final do século XVII, na Alemanha, Glückel de Hameln sabiamente declarou em um livro de memórias que começou a escrever para os filhos: "Nada nos pertence, tudo é nosso apenas por empréstimo." O que fazemos com os "empréstimos" da vida determina quanto iremos receber.

Em sua vida, foram-lhe destinados determinados recursos na forma de oportunidades, dinheiro, contatos, talentos e bens materiais. Essas dádivas foram confiadas a você. Compartilhar e utilizar bem o que você recebeu automaticamente torna sua vida mais rica. Por que isso acontece? Em palavras simples, quando demonstramos a capacidade de usar com sabedoria os recursos internos e externos, o universo nos dará ainda mais. É como convencer um banco a emprestar-lhe mais dinheiro porque seu crédito é bom ou mostrar ao patrão que você é capaz de gerenciar um projeto importante porque se mostrou excelente na administração de projetos menores.

O mesmo princípio é explorado na enigmática parábola dos talentos em que Jesus compara o destino de três servos que receberam "talentos" para guardar durante a ausência do senhor (o talento era uma unidade monetária daquela época). Quando voltou, o senhor descobriu que dois servos — o que recebeu cinco talentos e o que recebeu dois talentos — tinham duplicado o dinheiro recebido. "Bom trabalho", disse o senhor, "vocês foram fiéis nas pequenas coisas; eu lhes darei muitas coisas para cuidar."

O terceiro servo, porém, recebeu apenas um talento e confessou tê-lo enterrado para mantê-lo em segurança porque tinha medo. O senhor o censurou por não ter feito um uso melhor do dinheiro, aplicando-o a juros no banco. Então, o senhor manda que o dinheiro deste servo seja retirado e entregue ao que ganhou mais, dizendo: "Porque a todo o que tem, se lhe dará, e terá em abundância." Essa metáfora significativa, embora um tanto enigmática, não é tão difícil de entender se a tomarmos como lição na arte de dar e receber. Ela nos convida a olhar para nosso coração e perguntar: o que estou fazendo com meus "talentos"? Eu os estou escondendo ou fazendo bom uso deles para que possam dar frutos dentro do meu círculo de influência? Sou egoísta e guardo para mim mesmo os bens que me foram emprestados ou dou livremente meus bens e recebo ainda mais de volta?

Dar com sabedoria nos deixa alinhados com uma lei fundamental que governa o funcionamento do mundo. Naturalmente, essa lei é outro paradoxo: *quanto mais damos, mais recebemos*. Quanto mais alimentamos a circulação do dar e receber em nossa vida, mais teremos fluindo. É como colocar água dentro de uma bomba para que possa funcionar. Como disse Anne Morrow Lindbergh: "Quanto mais doamos, mais temos a dar — tal como acontece com o leite materno."

De acordo com essa definição, a abundância caminha de mãos dadas com o impulso generoso de dar. Podemos dizer que o verdadeiro "sucesso" se caracteriza pelo fluxo abundante que se move em nossa vida porque estamos dispostos a compartilhar aquilo que recebemos — nossos recursos, talentos, tempo e até mesmo as lições que aprendemos. Continuamos a receber mais porque continuamos a distribuir aquilo que recebemos.

MITO:

Quanto mais eu guardar para mim, mais terei.

MÁGICA:

Quanto mais eu distribuir, mais terei.

Na verdade, uma interessante pesquisa estatística mostra que a distribuição estimula a riqueza, não só no plano individual, mas também para as nações. Arthur C. Brooks, um especialista em economia e políticas públicas, revisou os dados dessa pesquisa e descobriu que quem distribui mais na verdade ganha mais, como resultado dessa distribuição. Ele disse: "Distribuir mais não está correlacionado apenas com uma renda mais alta; distribuir mais causa uma renda mais alta. E não apenas um pouco mais alta." Ele também destacou as descobertas segundo as quais quem é visto como caridoso recebe uma posição de liderança.[5]

EXERCITAR O MÚSCULO DO CORAÇÃO

Quanto mais exercitamos o músculo do coração por meio de dar e receber, melhor é o desempenho dele. Quando o coração está em forma, dar e receber se torna tão natural quanto o ritmo da respiração, para dentro e para fora, incessantemente. Um amigo meu, uma pessoa maravilhosa, é um exemplo vivo de que abrir o coração para distribuir e receber livremente aumenta nossa capacidade de fazer mais.

Quando conheci Richard, ele já passara dos 50 anos e tinha sido submetido a três cirurgias de coração aberto, nove pontes de safena e vinte outras cirurgias cardíacas. Os médicos o apelidaram de "milagre ambulante". Richard era uma criatura animada e ninguém diria que sua vida estava, literalmente, por um fio. Ele não sabia se seu coração ia aguentar mais um dia. No entanto, não era carente nem ansioso. Era uma das pessoas mais genuinamente calorosas, tranquilas e generosas que conheci. Os desafios enfrentados por seu coração físico só faziam deixá-lo mais consciente de tudo o que o coração emocional podia fazer. Adorava as meditações espirituais diárias sobre o coração e era sempre grato por toda oportunidade de colocar seu amor em ação. Como compensação, era muito abençoado.

Richard era dono de uma loja de produtos naturais. O lugar tinha alguma coisa de mágico: crescia aos saltos e estava estourando as costuras. O dono era o primeiro a admitir que o crescimento não era resultado de sua habilidade nos negócios: "Não sei nada sobre dirigir um negócio", ele confessou a mim. No entanto, qualquer um que o observasse em ação via claramente que ele conhecia a chave para um negócio bem-sucedido: servir bem. Seus negócios eram um sucesso porque ele adorava ajudar a quem o procurasse buscando maneiras de preservar a saúde. A loja era sua maneira de dar.

Quando eu telefonava para Richard, muitas vezes o surpreendia em sua mesa no fundo da loja trabalhando até tarde, cuidando dos detalhes que faziam tudo funcionar sem problemas. Em nossas conversas, ele nunca se cansava de me contar da interação amorosa que tivera com a netinha, com algum parente, com um empregado, com um dos clientes ou com qualquer um que tivesse encontrado pelos caminhos da vida. Ele adorava os contatos de coração, invisíveis, porém muito palpáveis, que compartilhava.

Diariamente, Richard vivia uma realidade que a maioria faz de tudo para evitar — o fato de que nossos dias são limitados. Ele tinha muita prática em refletir sobre algo tão relevante para ele quanto para qualquer um de nós: *Hoje pode ser o último dia em que posso dar e receber nesse ambiente, dessa forma e com essas pessoas. O que posso dar?* Para Richard, todo dia era uma oportunidade para examinar o coração e tirar de lá uma dádiva de amor. Todo dia era uma oportunidade de aumentar a capacidade de doar. Acredito que foi isso o que o manteve vivo por tanto tempo e lhe proporcionou tanta alegria.

MITO:

Minha felicidade e meu sucesso dependem do que consigo obter.

MÁGICA:

A verdadeira felicidade e o sucesso não dependem da minha capacidade de conseguir mais; dependem da minha capacidade de dar mais – minha capacidade de promover o fluxo.

Para mim, Richard era a encarnação do que Lao Tsé, o príncipe do paradoxo, afirmou sobre o ato de dar: "O sábio não precisa acumular. Quando emprega sua última migalha em benefício dos outros, ele tem mais do que antes. Quanto mais distribuir, mais ele terá."[6] Tenho saudade de você, amigo querido. Obrigada por me ensinar os caminhos do coração.

EQUÍVOCOS SOBRE DINHEIRO

Embora as parábolas dos sábios a respeito de dinheiro e sucesso possam ser consideradas metafóricas, não há razão para não entendê-las também no sentido literal. A verdade universal de que "quanto mais distribuirmos, mais teremos" se aplica também a nossas finanças. A ideia de que o indivíduo iluminado despreza a riqueza não é verdadeira. Os iluminados nos advertem quanto aos perigos de cobiçar — desejar a riqueza unicamente pelo que ela pode nos trazer — em vez de ver o dinheiro como instrumento para fazer o bem e ajudar os outros.

No entanto, segundo dizem, o problema não é o dinheiro; é nossa *relação* com ele. Uma passagem bíblica muito citada não afirma que o dinheiro seja a raiz do mal. Ela afirma que "o amor pelo dinheiro é a raiz de todo o mal" e que o desejo do dinheiro é o que pode nos trazer muita tristeza.[7]

O preconceito contra o dinheiro está relacionado com outro mito sutil que podemos encontrar sob a superfície e que silenciosamente nos faz recuar — o mito de que tudo o que é físico ou material é "mau" e apenas as coisas espirituais são "boas". No entanto, os sábios nos dizem que os aspectos espiritual e material da vida caminham juntos. Eles são interconectados, integrados e interdependentes.

Podemos pensar na questão da seguinte forma: o mundo material é como uma flauta e o espírito é o sopro que toca a flauta (a palavra *espírito* vem da palavra latina *spiritus*, que significa "respiração" ou "inspiração"). Uma flauta não passa de um pedaço oco de madeira ou metal, até que o espírito criativo a utilize para produzir sua música. Igualmente importante é o fato de que o espírito precisa do instrumento físico para dar expressão a suas belas melodias. O espírito intangível só pode tornar-se tangível e se expressar no mundo por nosso intermédio. O mundo interior e o mundo exterior precisam um do outro para realizar o próprio potencial.

Por essa ótica, por que as coisas materiais seriam intrinsecamente ruins? É completamente natural utilizar nossos recursos físicos para expressar nossa natureza espiritual e compartilhar nossos dons. A mágica da circulação acontece quando aproveitamos integralmente a plataforma física que recebemos para colocar o amor em ação; não há nada mais espiritual do que isso.

Às vezes pensamos que a espiritualidade só acontece nos fins de semana, quando estamos num local de culto, ou que só podemos doar nosso ser espiritual quando estamos rezando ou meditando. Esses rituais, certamente, nos ajudam a alimentar os fogos interiores e a nos reconectarmos. Contudo, os sábios são de opinião que nos limitamos gravemente quando acreditamos que a espiritualidade não faz parte da vida diária ou pensamos que devemos retirar-nos do mundo (como eremitas no topo de uma montanha) para ser espirituais ou fazer uma doação espiritual. O espírito está presente em nós o tempo todo e a qualquer momento podemos expressá-lo — não importa onde estejamos e o que façamos.

A vida diária é um instrumento pelo qual expressamos nossa verdadeira natureza e nossa espiritualidade. Ser espiritual não é fugir à loucura do mundo para mergulhar no nirvana, mas integrar-se ao mundo físico para modificar essa loucura. O que optamos por fazer nos momentos mais prosaicos do dia define o tipo de doador que somos.

A partir dessa perspectiva, o dinheiro e as coisas materiais não são negativos — são ferramentas. Afinal, é necessário ter dinheiro para se sustentar, para ter um abrigo, roupas e alimentos. É preciso dinheiro para construir orfanatos, escolas e hospitais e para ajudar os menos afortunados. Podemos fazer muito bem com nossa riqueza quando a utilizamos com o coração. No entanto, podemos inadvertidamente impedir que a abundância chegue a nossas vidas quando consciente ou inconscientemente adotamos a atitude de que o dinheiro é "mau" ou até mesmo "sujo".

Estamos destinados a ter todos os recursos de que precisamos para cumprir nosso papel na vida. Receba bem esses recursos. Abra espaço para mais deles em sua vida. Não limite o que pode receber ou dar. Quando doamos com sabedoria e fazemos justiça a nosso coração, esses recursos continuam a fluir.

QUEM É BENEFICIADO POR NOSSAS DÁDIVAS?

Em todo o mundo as tradições promovem o ideal da caridade, e não só porque ela ajuda os necessitados. A generosidade é tão necessária a quem dá quanto a quem recebe. Nós ganhamos quando abrimos o coração e nos doamos. Por exemplo, o ramo do budismo conhecido como Budismo Mahayana preconiza a generosidade porque ela aumenta a capacidade do doador para sentir compaixão. Naquela tradição, dar (*dana*, em sânscrito) é o primeiro dos seis *paramitas*, ou perfeições, que devemos praticar no caminho espiritual.

Da mesma forma, *zakat*, a doação de parte de nossa riqueza na forma de esmolas ou obras de caridade, é um dos cinco pilares de alguns ramos da tradição islâmica. No judaísmo, *tzedakah* (a caridade no sentido de prestar serviço ou dar dinheiro aos necessitados ou a uma causa meritória) é considerado um dever. Na tradição cristã, o apóstolo Paulo coloca a caridade acima até mesmo da fé e da esperança, afirmando que "a caridade nunca falha". A famosa oração de São Francisco postula: "É dando que se recebe."

Além disso, o princípio da caridade é intrínseco na tradição judaico-cristã do dízimo, que consiste em dar a Deus 10% da própria renda. Na verdade, o dízimo é uma forma de dizer "obrigado" à nossa fonte de nutrição espiritual. Está baseado numa ideia singela: *Retribuir à vida gera vida*. O Bhagavad Gita, da tradição indiana, concorda com esse princípio: "Alimente os deuses e os deuses o alimentarão. Porém, quem desfruta das dádivas dos deuses sem ofertá-las é, certamente, um ladrão."[8]

Esses princípios não são meras teorias, são realmente práticos, e não é difícil testá-los. É provável que você já tenha feito isso, mesmo sem perceber. Alguma vez você fez uma limpeza no seu guarda-roupa e doou tudo aquilo de que não precisava e de repente apareceu em sua vida algo novo de que você precisava? Não importa se doamos roupas velhas, fazemos trabalho voluntário ou encerramos um relacionamento infeliz. A natureza detesta o vácuo. Sempre que criamos um vácuo, ele será preenchido. Talvez nem sempre recebamos aquilo que queremos, mas a energia oferecida por meio de nossas dádivas retorna a nós, às vezes multiplicada.

Num momento crucial da minha vida, quando estava desempregada e passando por um período de desafios e dificuldades intensas, me vi envolvida num ciclo de cortes, renúncias e doações. Fiz uma limpeza nos meus armários e doei sacos de roupas para o Exército da Salvação. Podei vigorosamente os arbustos muito crescidos do meu quintal. De joelhos, arranquei impiedosamente todas as ervas daninhas do jardim e do gramado. Até mesmo cortei o cabelo. Ofereci mais tempo de trabalho a uma organização sem fins lucrativos.

Foi um período difícil para mim, porém muito restaurador. Ele sinalizou o fim de uma estação e o início de uma nova fase em minha vida. Aquelas ações físicas eram apenas a manifestação externa do que ocorria dentro de mim — livrando-me do que era velho e estagnado para poder ver com mais clareza e abrir espaço para o crescimento do novo. Lenta, porém seguramente, criei um espaço que permitiu o aparecimento de oportunidades maravilhosas, novos amigos e mudanças necessárias em minha vida.

CHAVES PARA
ALCANÇAR O EQUILÍBRIO

Seis ferramentas para honrar o coração por meio da doação

Honramos nossa razão de ser quando deixamos o coração dar de maneiras que aqueçam o coração de alguém. Não é preciso gastar muito dinheiro para ser um bom doador. As oferendas mais preciosas são as dádivas emocionais, aquelas que tocam alguém de coração para coração. Eis a seguir seis instrumentos que podem ajudar a criar conexões mais autênticas e íntimas à medida que praticamos a doação criativa, sábia e originada no coração.

❶ **Faça perguntas diferentes.** Quando alguém que faz parte de sua vida está se mostrando irascível, mal-humorado ou pouco amigável, controle seu impulso de criticar, tirar conclusões apressadas ou perguntar com ar superior: "Qual é a sua?" Faça perguntas mais úteis, como: "Por que você está mal e o que posso fazer agora mesmo para ajudá-lo?" Você não pode resolver os problemas dos outros, mas pode ajudá-los a compreender como se sentem e encorajá-los a verbalizar suas necessidades. Abra as portas do coração e faça uma doação aproveitando as oportunidades que surjam em seu caminho para ajudar seus próximos a localizarem as próprias necessidades ocultas.

❷ **Dê presentes de desaniversário.** Você só pensa em dar presentes em ocasiões especiais ou quando eles são esperados? Experimente aparecer com presentes espontâneos, de *des*aniversário, para mostrar aos outros o quanto você gosta deles ou para confortar o coração de alguém que está sofrendo. Dar presentes simples, motivados pelo impulso do coração, também o ajudará a manter aberto seu próprio coração, aumentando ainda mais sua capacidade de dar e receber.

❸ **Presenteie de forma criativa.** Em vez de comprar um presente para alguém no último minuto, pense antecipadamente e deixe-se inspirar. Examine seu coração e pergunte o que realmente tocaria os sentimentos daquele a quem deseja presentear. (Dica: se não conseguir uma inspiração, pergunte o que ele, ou ela, gostaria de ganhar!) Lembre-se de que os melhores presentes não são os maiores ou os mais caros. Pense na possibilidade de dar como presente um tempo para convívio exclusivo com alguém. Se tiver mais de um filho ou irmão em sua família, considere a possibilidade de dar a ele, ou ela, um encontro a sós com você. As possibilidades são infinitas.

❹ **Dê sua atenção individualizada.** Você fica à disposição daqueles que precisam ou se divide — falando ao telefone, enviando mensagens de texto ou trocando o canal da televisão — enquanto seu colega de trabalho, amigo, parceiro ou filho tenta conversar com você? Dar atenção concentrada é um presente incomparável que diz aos que fazem parte da sua vida que você tem respeito por eles. Trace um círculo em torno de suas conversas. Faça o necessário para manter o circuito de energia entre você e a pessoa que está com você. É possível mudar uma situação pelo simples ato de desligar a televisão, o telefone ou o BlackBerry e olhar nos olhos daquele que fala com você. Isso mostra que você o estima o bastante para ficar totalmente presente.

❺ **Doe seu conhecimento de vida.** Cada um de nós tem um conhecimento específico derivado das experiências de vida. Utilizar o seu poço de sabedoria para ajudar os outros pode ser comparável a oferecer um copo de água fresca a alguém que esteja sofrendo de sede intensa por muito tempo. Você passa intencionalmente adiante sua sabedoria? Se não souber por onde começar, pense numa experiência difícil que lhe ensinou algo valioso ou numa percepção que veio de um artigo, um programa ou mesmo daquele livro que desencadeou em você um momento de transformação. Compartilhe essa percepção com alguém que possa ser beneficiado por sua experiência.

❻ **Deixe passar e permita a circulação.** Se a mágica do fluxo não estiver acontecendo em sua vida tanto quanto você gostaria, apele para a seguinte fórmula singela: "Faço algo novo chegar à minha vida ao abrir mão de alguma coisa." Experimente examinar o guarda-roupa e levar roupas velhas para o Exército da Salvação. Em vez de perder seu tempo em um relacionamento, compromisso ou hábito infrutífero (como ver televisão demais), descubra uma forma de ajudar alguém que precisa. Pense em oferecer seus serviços profissionais de graça para uma boa causa. Convide seus filhos a coletar brinquedos velhos e livros e ajude-os a doar esses artigos para uma instituição de caridade de sua região. Veja o que acontece quando você se livra de objetos acumulados e abre espaço, dedicando-o intencionalmente ao fluxo de dar e receber que você deseja em sua vida. A generosidade do coração nunca fica sem resposta.

PARTE TRÊS

LIBERTE-SE *e* RESPEITE OS TÉRMINOS

O princípio e o fim estendem as mãos um para o outro.

— Provérbio chinês

"Permaneça acessível e receptivo a tudo o que surgir em seu caminho" tornou-se um dos mantras dessa época. Os sábios, os psicólogos e até nossos melhores amigos repetem esse mantra para nós. Eles nos mandam tirar as mãos de cima dos olhos e aceitar tudo o que entrar em nosso mundo. Resista à tentação de fugir ou se esconder. Receba bem tudo e todos em sua vida, como mensagens ou mensageiros. É verdade que devemos aprender com os acontecimentos, encontros e emoções que entram em nossa vida na ponta dos pés ou pisando com força. No entanto, isso quer dizer que precisamos aceitar tudo o que se apresenta à nossa porta, qualquer que seja sua aparência, sensação ou odor? Aí está o paradoxo – e onde existe um paradoxo, a mágica não está muito longe.

CAPÍTULO 8

COM OS OLHOS BEM ABERTOS

A honestidade é a melhor política,
vou me manter fiel a ela.

— SANCHO PANÇA EM *DOM QUIXOTE*

"*Tenho de aceitar de braços abertos tudo o que vem a mim.*" Mito ou mágica?

Em algum momento encontraremos pessoas ou circunstâncias que nos atropelarão se tiverem chance. Somos obrigados a aceitar isso por nosso compromisso com uma atitude gentil e amorosa? Embora os luminares do mundo nos estimulem a ficar acessíveis a qualquer um que cruza o nosso caminho, a história não é bem assim. Paradoxalmente, esses luminares nos dão um conselho surpreendente: não abra a porta para todos os que nela baterem.

Aceitar tudo o que nos vem é comparável a ver um ladrão do lado de fora da janela do quarto e convidá-lo a entrar pela porta da frente e conhecer a casa. Ninguém faria isso, portanto, por que dar aos saqueadores livre acesso à sua energia e às suas emoções?

No entanto, nem sempre percebemos a aproximação dos ladrões. Podemos começar um relacionamento ou aceitar uma oportunidade achando que finalmente conseguiremos o que desejamos apenas para acabar nos sentindo roubados, traídos e confusos. Esses relacionamentos e oportunidades têm um propósito, por mais decepcionante que seja. Obrigam-nos a conhecer melhor a nós mesmos. Ajudam a revelar o que desejamos e o que não desejamos em nossas vidas. Mostram, tantas vezes quanto necessário, que, para nos respeitarmos, também precisamos manter os olhos bem abertos.

A CORDA BAMBA

Ser acessível e gentil não significa expor-se a riscos. Existe uma diferença entre bom coração e ingenuidade, e os sábios nos aconselham a caminhar cuidadosamente sobre a linha que os separa. Quando instruiu os discípulos a saírem pelo mundo "como ovelhas no meio dos lobos", Jesus, o grande instrutor da paz, paradoxalmente disse-lhes que fossem "inocentes como as pombas", mas também "prudentes como as serpentes". Sabermos que ele ensinou que, quando alguém nos bater numa face, devemos oferecer também a outra. Mas não se esqueça de que ele sempre nos avisou para ficar alertas e nos protegermos. Ele ensinou: "Tenham cuidado com os homens. Não deem o que é sagrado aos cães, nem atirem pérolas aos porcos; caso contrário, estes as pisarão e aqueles, voltando-se contra vocês, os despedaçarão."

Portanto, determinar quando continuar a dar e quando encerrar uma situação prejudicial não é uma fórmula exata que possamos aplicar da mesma forma a todas as situações. É preciso ter discernimento para saber o que resultará em um bem maior. Uma história da tradição oriental retrata de forma inusitada esse ponto de decisão. Uma mulher jovem era aluna de um professor de meditação com quem aprendia a gerar a bondade amorosa. Depois de fazer a prática diária da meditação em casa, ia ao mercado onde sofria diariamente as investidas agressivas de um dos vendedores. Por mais que tentasse, não conseguia manter em seu coração o amor por todos os seres,e estava quase perdendo a paciência com aquele homem grosseiro.

Um dia, a garota ficou tão perturbada que perseguiu o malfeitor pela rua, ameaçando-o com um guarda-chuva. Nesse momento, percebeu o professor de meditação caminhando pelo outro lado da rua e observando tranquilamente a cena. Envergonhada, foi até o professor e explicou o que acontecera. Disse que se sentia um fracasso. O professor, com as maneiras gentis e delicadas pelas quais era conhecido, sugeriu que da próxima vez que algo assim acontecesse ela entrasse em casa e reunisse no coração uma quantidade extraordinária de amor — e, então, pegasse o guarda-chuva e acertasse o canalha bem no alto da cabeça![1]

Só porque desejamos ser amorosos não precisamos nos transformar em capachos. O professor de meditação sabia disso. Ele sabia que sua jovem aluna não seria capaz de cultivar a bondade amorosa se ao mesmo tempo não respeitasse e amasse a si mesma. E, certamente, ela não estava mostrando respeito por si mesma quando permitia que aquele malfeitor se impusesse onde não devia. Além disso, ao permitir que aquele homem invadisse seu espaço, estava deixando que o ressentimento e até mesmo o ódio por ele entrassem em seu coração, o que era exatamente o inverso do sentimento de bondade amorosa que estava fazendo tudo para manifestar. No nível prático, se ela não resistisse aos avanços dele, o vendedor continuaria a tratá-la de forma indevida.

Além disso, a jovem não estava fazendo o melhor pelo vendedor quando tolerava seu comportamento vil. Ao permitir que ele continuasse com aquela manobra, alimentava nele o ego e um falso sentimento de direito adquirido. Permitia que os hábitos pouco saudáveis dele continuassem a crescer, em prejuízo dos dois. Tal como mencionei, não ajudamos aos outros ou a nós mesmos quando aceitamos passivamente os abusos, sejam eles emocionais ou na forma de agressão física, crítica injusta, humilhação sutil ou qualquer ação (ou falta de ação) que desvalorize nosso verdadeiro mérito. E, às vezes, a mais elevada forma de doação ou amor consiste em se libertar do que é doloroso dizendo não ou se afastando.

HONESTIDADE COM AMOR

Não há dúvida de que podemos nos beneficiar quando procuramos a semente da verdade escondida numa situação dolorosa. As palavras e ações dos outros, apesar de duras ou malévolas, podem nos despertar para um aspecto de nosso próprio comportamento que nos recusamos a admitir. Ao mesmo tempo, lembre-se de que nem tudo o que é dirigido a nós nos diz respeito. Às vezes, não temos qualquer relação com aquilo. A outra pessoa pode simplesmente estar às voltas com uma crise interna que transborda para a nossa vida.

Nesses casos, podemos honrar a nós mesmos se não levarmos o ataque para o plano pessoal e não nos culparmos pelas ações indevidas dos outros. Se a carapuça servir, use-a; contudo, se o sapato que foi lançado contra você não for seu, não é preciso agir como se fosse. Não é necessário sequer experimentá-lo. O que as pessoas dizem de você não é verdadeiramente você. Esses rótulos só nos definem se os aceitarmos. Essa questão é sintetizada perfeitamente pelo provérbio africano: "O que conta não é o que você diz de mim, mas o que eu respondo." Você também pode pensar sobre essa verdade fazendo a si mesmo a pergunta: "Será que alguém pode me desrespeitar se eu respeitar a mim mesmo?"

Uma passagem da vida do Buda demonstra com maravilhosa clareza essa questão. Um homem cético ouviu falar do Buda e pensou: "Será que realmente é verdade que ele continua a amar aqueles que o agridem e sempre paga o mal com o bem? Vou lá ver se isso acontece." Quando chegou ao local onde estava o Buda, o homem foi até ele e começou a agredi-lo verbalmente, emitindo críticas grosseiras e insultos. O Buda ouviu calmamente, e quando o acusador finalmente parou de falar, fez uma simples pergunta:

— Se alguém se recusasse a receber um presente seu, a quem pertenceria o presente?

— Ele pertenceria a quem o ofereceu — respondeu o homem.

— Meu filho — disse o Buda —, você me atacou, mas eu me recuso a aceitar a agressão e peço que você a guarde para si. Ela não vai ser uma fonte de infelicidade para você? Assim como o eco pertence ao som e a sombra pertence à substância, a infelicidade, infalivelmente, vai acometer o agressor.

O Buda, então, prosseguiu a lição com duas analogias:

— O indivíduo perverso que censura o virtuoso é como quem cospe no céu; o cuspe não suja o céu, cai de volta e suja o agressor. O caluniador é como quem atira terra em alguém quando o vento sopra em sua direção; a poeira voltará a quem a lançou. O virtuoso não é ferido e a infelicidade que o outro desejava infligir volta para ele.

Ao ouvir essas palavras, o homem verificou como tinha sido tolo e foi embora. Mais tarde, voltou para aprender mais e fazer parte da comunidade do Buda.[2]

Pode parecer que essa história diz respeito ao acusador e a como ele foi transformado pelas palavras do homem sábio. Na realidade também é uma lição profunda sobre a forma correta de responder a uma agressão. Se tivesse acreditado na crítica do agressor, o Buda teria começado a duvidar de si mesmo. Poderia ter aceitado tudo que o homem disse, deixando que o atacante o definisse. Poderia ter ficado ultrajado e, reagindo, ter apenas deixado o homem mais furioso e intensificado o conflito. Em qualquer uma das situações, se reagisse com mais intensidade, o Buda teria perdido o senso de proporção e a capacidade de ver a verdade. Em vez disso, aproveitou a oportunidade para se defender, mergulhar no próprio coração e verbalizar com amor a verdade que aquele homem precisava ouvir. Ao fazer isso, honrou a si mesmo e libertou o agressor.

MITO:

Para ser amoroso, preciso aceitar de braços abertos tudo o que vier.

MÁGICA:

Às vezes, o maior gesto de amor é dizer não e se afastar.

Essa história nos traz outra lição valiosa. Mostra que o amor não é fraco ou passivo. Mesmo quando estamos definindo um limite e dando fim a uma situação pouco saudável, podemos fazê-lo de uma forma franca e firme, mas também amorosa e polida. Tão importante quanto o que fazemos é a maneira como o fazemos. O Buda não mordeu a isca e acusou o agressor de ser má pessoa, mas deixou claro que não aceitaria a agressão. Como ele se recusava a aceitar a crítica do homem ou tomar as palavras dele como agressão pessoal, os insultos não o afetaram. Ao expor sua mensagem com honestidade e amor, o Buda, na verdade, saiu do caminho e segurou um espelho para que o homem visse por si mesmo o fato de que seu comportamento abusivo não atingia o alvo. No fim das contas, a agressão só feriu o agressor.

Respeitar os outros e a nós mesmos dessa forma nos dá um imenso poder, porque o que dizemos não vem do ego que se defende, mas de um coração cheio de amor e boa vontade. Tal como disse Buda: "Se tolamente um homem me maltrata, vou retribuir com a proteção do meu amor sem ressentimento." A franqueza associada com o amor é um presente. Ao definir um limite com honestidade e amor, ao escolher não aceitar o comportamento prejudicial de alguém, nós nos respeitamos *e* endossamos o que aquela pessoa tem de melhor e mais elevado. As palavras familiares de Shakespeare são ainda mais relevantes: "Acima de tudo, sê fiel a ti mesmo e, como a noite sucede ao dia, não poderás tratar homem algum com falsidade."

CAPÍTULO 9

SER HONESTO *sobre* SEUS SENTIMENTOS

Pensamos profundamente quando somos forçados a sentir.
— MARY WOLLSTONECRAFT

As palavras *honrado* e *honesto* estão associadas à palavra latina *honos*, que significa honra ou dignidade. Talvez as duas não pareçam ter muito mais em comum, mas, se as analisarmos mais profundamente, veremos que têm. Não podemos *honrar* verdadeiramente a nós mesmos se em primeiro lugar não formos *honestos* conosco.

A honestidade vem de um profundo autoconhecimento que reside no coração, na alma e nas entranhas. Alguns de nós crescemos com camadas e mais camadas de "tem que" e "deve", que estão em franca oposição com o que nossos corações e nossas intuições tentam nos dizer. Nos anos de formação, talvez você tenha sido informado de que expressar seus sentimentos é sinal de fraqueza, de que os sentimentos não têm valor e que chorar é coisa de criança. Seus sentimentos talvez tenham sido reprimidos quando você ouviu frases como "Pare de reclamar", "Fique quieto" ou "Deixe de bobagem, não há motivo para chorar". Você pode ter sido ensinado a adotar uma postura estoica: ignorar seus sentimentos porque as necessidades de outra pessoa têm prioridade sobre as suas.

Todas essas mensagens criam tensão e confusão, tornando difícil aceitar que são igualmente válidos os dois lados do paradoxo — dar aos outros e dar a si mesmo. A consequência de viver com essa confusão é que você pode ter dificuldade para ser honesto consigo mesmo quando alguém ou alguma coisa em sua vida é nocivo. Talvez permita que seus sentimentos e intuições ("isso causa dor" ou "alguma coisa está errada") sejam imediatamente anulados pelo que imagina que se espera de você ("seja forte", "não seja covarde" ou "trate de superar"). Isso pode ser perigoso.

Para dar um exemplo singelo, se colocar as mãos perto demais de um fogão aceso, você sentirá dor e puxará a mão. Se não sentir o calor, não vai saber que correu o risco de se queimar gravemente. Em situações muito menos inequívocas, seus sentimentos são os órgãos sensoriais da alma, avisando de perigos não apenas físicos. Se você não estiver em contato com seus sentimentos, como saberá quando corre o risco de se queimar numa relação injusta? E se você não autorizar os sentimentos de desconforto ou violação, como saberá que está na hora de impor um limite? Se não sentir compaixão pelos outros, como saberá que é hora de entrar em ação para ajudá-los?

Seus sentimentos são parte fundamental de seu sistema interno de orientação. Sim, os gritos e pontapés deles, às vezes, podem fugir ao controle. Além disso, existem situações em que você precisa se mostrar à altura e doar-se heroicamente, mesmo que as emoções se rebelem. No entanto, isso não significa que você deva lançar panos quentes sobre sentimentos quando eles tentam vir à tona. É essencial avaliá-los tal como faria com qualquer informação que recolhesse, para fazer uma escolha emocionalmente inteligente em qualquer situação. A pura lógica não vai levá-lo ao destino. Nas palavras do poeta bengalês Rabindranath Tagore: "A mente que só tem lógica é como uma faca que só tem lâmina: faz sangrar a mão que a utiliza."[1]

AUTORIZAR-SE A VER

Swami Vivekananda, o famoso reformador e líder espiritual do século XIX, que fez muito para trazer as ideias orientais para o mundo ocidental, certa vez perguntou: "Quem nos torna ignorantes? Nós mesmos. Cobrimos os olhos com as mãos e choramos porque está escuro."[2] Quando você se dá permissão para sentir, remove as mãos de cima dos olhos e se autoriza a ver.

Aprendi uma importante lição sobre o papel de meus sentimentos por meio do melhor método: experimentar em primeira mão o que acontece quando eles são bloqueados. Trabalhei durante dois anos num projeto com uma pessoa. Parecia ser uma oportunidade maravilhosa e me lancei de todo coração no projeto sem fazer muitas perguntas ou me assegurar de que pensávamos da mesma forma sobre os resultados financeiros. Na época, eu trabalhava como autônoma e decidi reduzir minha carga de trabalho para devotar mais tempo àquele empreendimento.

Com o passar dos meses, descobri que em matéria de trabalho eu fazia a maior parte, embora tivesse partido do princípio de que teríamos responsabilidades iguais. Às vezes, meu parceiro não comparecia a reuniões marcadas e não me avisava com antecedência que iria faltar. Quando eu lhe disse que aquilo não estava dando certo, ele prometeu mudar com a mesma exuberância que me atraiu para o projeto no início de tudo. Sabendo que ele tinha bom coração e que nós dois éramos apaixonados por aquele trabalho, persisti. Além disso, eu já tinha investido muito tempo. Portanto, sufoquei minhas dúvidas colocando uma tampa sobre meu desconforto toda vez que ele se manifestava, sussurrava, acenava ou até mesmo levantava o dedo mindinho. Eu continuava a dizer a mim mesma que aquele frio na barriga só podia estar errado. "É uma grande oportunidade", pensava. "Cale a boca!"

Quando meu parceiro começou a tomar decisões que me afetavam sem que tivéssemos discutido completamente as consequências, comecei a me sentir cada vez pior. Quando uma das decisões dele resultou em um cronograma que me obrigou a abandonar meus trabalhos remunerados para terminar o projeto sem ter qualquer ajuda financeira, senti aquele aperto de ansiedade no estômago. Mesmo assim, me convencera de que a lógica merecia mais confiança do que um desconforto no estômago, mas, agora, estava confusa.

Nesse período, um acontecimento inesperado me chamou à razão. Fui fazer uma caminhada com uma amiga e os cachorrinhos dela. De repente, a trela ficou enrolada nas patas dos cachorros e nas nossas. Enquanto tentávamos nos soltar, acidentalmente pisei na pata de um dos cachorros. Ele imediatamente ganiu e nós levamos um susto. "Me desculpe", disse ao cachorrinho, abaixando-me para acariciá-lo. Então, como se tivesse me visto em um espelho gigantesco, falei em voz alta: "Pelo menos quando alguém pisa no pé dele,

ele gane. Eu não digo nada!" E comecei a chorar. Meus sentimentos reprimidos finalmente conseguiram passar pelo portão que tinha sido fechado por minha mente racional. A verdade brotou da minha boca antes que eu pudesse impedir, emergindo de algum recôndito local de conhecimento de cuja existência eu tinha esquecido: estava me sentindo "pisada". Mesmo assim, não me defendia, não impunha limites, nem agia com firmeza para restaurar o equilíbrio da situação.

Ser honesta comigo mesma depois de todo esse tempo era como me permitir ver por meio dos olhos da alma. Entendi que, ao ignorar meus impulsos, não estava tendo o menor respeito por mim. Eu tinha feito de tudo para me adaptar a uma linha de ação voltada para o sucesso de outra pessoa, mas aquele molde era realmente bom para mim? Meu sentimento de ansiedade há muito tentava me alertar para a resposta correta, mas eu nunca recebia as mensagens porque continuava a ignorá-las. Eu não estava usando meus sentimentos para perceber o que desejava. Ser honesta comigo mesma também me fez encarar a verdade cruel de que ninguém me forçou a continuar naquele caminho; a decisão fora minha. A verdadeira fonte da minha infelicidade eram minhas próprias escolhas — e eu podia escolher outra coisa.

MITO:

Ceder a meus sentimentos significa fraqueza. A lógica é mais confiável do que os sentimentos.

MÁGICA:

Meus sentimentos têm um propósito e podem me guiar, se eu optar por escutá-los.

Depois de um exame de consciência, finalmente fui capaz de expressar que tipo de relação de trabalho funcionaria para mim; então busquei ajuda para colocar no papel minhas necessidades e preocupações. Quando mostrei tudo isso à pessoa com quem estivera trabalhando, ficou claro que não pensávamos da mesma forma e não seríamos capazes de chegar a um acordo que beneficiasse os dois. Por fim, tive que fazer outra opção — algo que honrasse os verdadeiros desejos do meu coração. Escolhi aceitar o fim e me livrar de uma situação que talvez fosse boa para outra pessoa, mas que não era boa para mim.

Para alguém como eu, que tem dificuldade de dizer não por medo de prejudicar os outros, aquele foi um processo extremamente doloroso, ainda mais porque eu havia investido muito tempo e dinheiro naquele projeto. Mas quanto vale uma lição que me ajudaria a ser fiel a mim mesma pelo resto da vida? Na verdade, esse foi um dos momentos de decisão mais importantes para mim, e sempre serei grata a meu ex-sócio e a todos os envolvidos naquela situação. Em certo sentido, todos se dispuseram a participar do meu drama existencial para que eu pudesse aprender uma lição fundamental — e todos eles desempenharam perfeitamente seus papéis. Que maneira inesquecível de aprender, que é essencial escutar a mim mesma! Sim, ignorar meus sentimentos e abafar meus instintos acabou por me tornar terrivelmente infeliz e confusa. Não, o mundo não vai acabar se eu verbalizar minhas necessidades ou disser "Sinto muito, mas não posso". Descobri que admitir meus sentimentos e ser honesta são ações que caminham de mãos dadas. Ambas são pré-requisitos para honrar a si mesmo. E viver sem isso nos mantêm na total escuridão.

Como se fosse para confirmar todas as lições que aprendia, durante aquele período difícil conversei com três outras pessoas que refletiam o mesmo tema de volta para mim. Era como se todos tivéssemos recebido o mesmo dever de casa e estivéssemos comparando anotações. Com frequência atraímos aqueles que estão processando os mesmos problemas que nós. Essa é a maneira pela qual a vida nos deixa saber que não estamos sós e nos coloca em posição de ajudar os outros ao trocar ideias sobre o que aprendemos.

Primeiro encontrei Bill, um amigo com quem tinha trabalhado alguns anos antes. Durante nossa conversa, perguntei como estava sua irmã, Sharon. Ele disse que aquele tinha sido um verão muito insatisfatório para ela. Estava constantemente reclamando do supervisor do restaurante em que trabalhava, queixando-se: "Ele é um gerente da pior qualidade. Nunca resolve os problemas, de modo que todo mundo precisa enfrentar uma crise atrás da outra. Eu disse que queria trabalhar três dias por semana, mas ele continua a me programar dias extras por causa de mais uma crise. Isso acontece toda semana."

Bill balançou a cabeça e lamentou: "Sharon não se coloca, nem larga o emprego. Já falei para ela dezenas de vezes: basta dizer não. Defina seus limites." Era muito claro que Sharon estava infeliz e se sentia explorada, mas também estava claro que ela não fazia o necessário para corrigir a situação. Ela esperava que o patrão resolvesse o problema quando ele era visivelmente incapaz de fazê-lo. Enquanto isso, ela ficava cada vez mais infeliz e ressentida. Mas, na verdade, quem era responsável por essa infelicidade?

Alguns dias depois uma colaboradora anunciou que ia parar de trabalhar com a mulher que tinha contratado para ajudá-la a lançar uma nova linha de negócios. De início, pensou que não poderia ser bem-sucedida sem se valer da experiência daquela mulher, mas um ano depois percebeu que podia gerenciar o negócio melhor se estivesse sozinha. Então, pouco tempo depois dessa conversa, almocei com uma velha amiga que não via há muitos anos. Ela descreveu uma situação semelhante. Estava ficando cada vez mais preocupada porque fazia a maior parte do trabalho numa empresa cuja sociedade, teoricamente, se baseava em esforços iguais da parte dos sócios. Embora minha amiga estivesse agregando mais valor, não era tratada de acordo, nem pessoal nem financeiramente.

Em cada um desses casos, inclusive o meu, não pude deixar de me perguntar: se ela não estava feliz, por que não tomou uma providência? Por que não se defendeu? Por que precisou de tanto tempo para ver o que acontecia?

Um dos obstáculos que enfrentamos para inverter situações incorretas em nossa vida é o fato de pensarmos que não temos escolha senão tolerar o intolerável. Ficamos presos a situações desconfortáveis ou prejudiciais porque, inconscientemente, temos medo de perder aquele emprego ou relacionamento e nunca mais encontrar coisa melhor. Talvez não acreditemos que o universo de fato quer nos ver progredir e nos apoia quando deixamos uma situação e seguimos em frente. Mergulhe mais fundo e você verá que alguns de nós toleramos situações francamente perigosas porque não acreditamos que merecemos coisa melhor. Erroneamente, acreditamos que necessitamos do apoio, dos elogios ou do amor da pessoa ou condição que nos causa dor.

Abrigar crenças destrutivas como essa nos torna insensíveis para nossos verdadeiros sentimentos; em consequência, não conseguimos fazer uma leitura precisa da real situação. Portanto, ficamos estagnados, embora nossa escolha, diariamente, nos roube a energia necessária para realizar o que de fato deveríamos fazer. Isso não é apenas um dilema emocional. Na raiz, é uma doença espiritual cujos sintomas são causadas pelo fato de não valorizarmos nossa verdadeira essência, nossa centelha interior — a parte de nós que permanece quando todo o resto é removido. O fogo que brilha dentro de nós é a chama que nos nutre e nos leva a realizar nossa razão de ser. Toda vez que ignoramos nossos sentimentos e nos recusamos a encerrar uma aliança prejudicial por acreditar que não temos escolha, toda vez que somos motivados a prosseguir num caminho porque acreditamos não merecer coisa melhor, é como se estivéssemos extinguindo um pouco mais dessa chama.

ACEITAR O QUE É

Se você costuma varrer seus sentimentos para um canto escuro onde não podem ser vistos ou ouvidos, perderá o contato com um de seus recursos interiores mais valiosos. É claro que não estou aconselhando entregar-se a todo impulso ou paroxismo como se estivesse lidando com uma criança incontrolável que quer tudo do seu jeito. É fato que nossos sentimentos podem ficar distorcidos ou nos puxar para baixo quando estamos desequilibrados. Por mais importantes que sejam nossos sentimentos, para dominar as emoções precisamos lidar com um paradoxo: Nossos sentimentos podem nos guiar, *mas também* podem nos enganar quando os deixamos fugir ao controle" (Logo vamos chegar a essa questão.)

Em vez de ignorar seus sentimentos ou deixá-los controlá-lo, existe um meio-termo. Podemos aprender a receber os sentimentos com o coração aberto e uma aceitação compassiva. Podemos reconhecer nossos sentimentos sem deixá-los nos dominar. Aceitar uma emoção não significa aprovar o que a motivou. Significa que aceitamos o que é — e essa não é nossa tendência natural. Com muita frequência, resistimos à forma como as coisas são, como se pudéssemos fazer o relógio recuar no tempo e mudar o que já aconteceu. Seja o e-mail que gostaríamos de não ter mandado, as palavras de que nos arrependemos ou as notícias inesperadas que acabamos de receber, as consequências do passado já estão conosco. Cruzar os braços e dizer não para o que está diante de nós é simplesmente infrutífero. Essa atitude nos mantém atolados e nos causa muita dor.

Embora essa proposta possa soar paradoxal, se nos abrirmos para uma experiência desagradável, se aceitarmos o que ela é, podemos seguir adiante com mais facilidade. Isso acontece porque paramos de gastar energia para resistir, atacar, ocultar ou negar o que já aconteceu. Em vez disso, podemos usar nossa energia para criar uma solução. Assim que aceita seus sentimentos, você dá um gigantesco passo no sentido de valorizar-se. Deixar para trás a resistência nos deixa livres para adotar a ação prática necessária para ajudarmos a nós mesmos e aos outros. Se bloquear seus sentimentos, você desautoriza tanto o mensageiro quanto a mensagem.

O princípio de abrir-se para "o que é", com compaixão e sem julgar, é um preceito básico da atenção plena, uma prática encontrada em muitas tradições de todo o mundo, inclusive as dos taoistas, budistas, indígenas norte-americanos e contemplativos cristãos, para citar apenas alguns. A atenção plena é uma maneira de ser que nos estimula a perceber e aceitar os pensamentos e sentimentos, em vez de ignorá-los ou condená-los. Quando em atenção plena, percebemos o que está acontecendo no momento presente.

Todos sabemos como é ser roubado ao momento presente por nossos sentimentos. Os sentimentos podem, subitamente, acender um pavio que precipita uma explosão de lembranças dolorosas do passado ou de medo do futuro — e antes de poder ter consciência disso estamos, mais uma vez, viajando no tempo, perdidos em outra história. Os enredos longos e quase sempre tortuosos que passam por nossa cabeça se mascaram de realidade, mas o passado já se foi há muito tempo e o futuro ainda não chegou. Nada daquilo era a realidade. Quando nossos pensamentos estão em qualquer lugar que não seja o aqui e agora, estamos meramente perseguindo sombras.

Quanto tempo você passa no presente, totalmente atento ao que está acontecendo naquele momento? Que fração do seu dia (ou noite) é consumida com a vivência de um acontecimento do passado, com arrependimentos ou anseios? Com que frequência você se perde em pensamentos ansiosos sobre o que pode acontecer na próxima meia hora, na próxima semana ou no próximo ano? Os sábios nos dizem que nunca iremos encontrar a paz se lamentarmos o passado ou tentarmos adivinhar o futuro. As respostas que procuramos estão sempre no presente, mas não conseguimos reconhecer a dádiva que o presente contém quando estamos perdidos em outro lugar.

MANTER A MENTE TRANQUILA

É difícil entender por que muita gente tem dificuldade em aceitar a realidade e os sentimentos sobre ela. Quando algo incômodo, doloroso ou estressante nos ameaça, tendemos a querer afastar, fugir ou consertar aquilo, seja como for, de modo a fazê-lo desaparecer. Nossa mente faz inferências sem entender o que de fato acontece, ativando a reação de luta ou fuga. Essa reação cria uma cascata de emoções negativas que se chocam, causando mais agitação e mais coisas a que precisamos resistir.

Onde há agitação, não pode haver paz, clareza e soluções concretas. Imagine a situação de tentar encontrar alguma coisa preciosa que deixamos cair num lago de águas paradas e límpidas. Se começarmos a procurar atabalhoadamente, só iremos agitar o lodo do fundo do lago. Quanto mais turva ficar a água, menos poderemos ver. No entanto, quando se trata da nossa vida, muitas vezes é isso o que fazemos. Nosso impulso é andar mais depressa e tentar mais, achando que dessa forma chegaremos mais perto da meta, porém, o que conseguimos, é o contrário. Nas águas de nosso ser, precisamos ficar tranquilos para encontrar o tesouro. Não podemos ver o que é real se a mente não estiver tranquila.

MITO:

Quanto mais depressa me mover e quanto mais tentar, mais perto chegarei de encontrar o que procuro.

MÁGICA:

Quando minha mente está calma, posso ver a realidade.

Em vez de tentar navegar por águas agitadas, a tradição da atenção plena adota uma abordagem mais eficiente. Para lidar com o tumulto dos sentimentos, ela nos aconselha a nos distanciarmos da luta interna e ficar compassivamente presentes com o que acontece. Em vez de resistir, ser receptivo. Em vez de se deixar submergir pelo sentimento, observá-lo. O Dr. Jeffrey Brantley, fundador e diretor do programa de redução de estresse baseado na atenção plena, do Center for Integrative Medicine da Duke University, aconselha: "Volte-se para as experiências com uma atenção calma e focalizada. Reconheça e aceite que as coisas são daquela maneira — agora. Então, procure meios práticos para cuidar de si e para se confortar, tal como faria com uma criança ou um amigo que estivessem numa situação difícil."[3]

Por que é tão fácil se afogar nos pensamentos e sentimentos ou ser paralisado por eles? Para começar, quando temos sentimentos intensos como a ansiedade ou o medo, começamos a nos identificar com eles. Quando isso acontece, é difícil separar o que sentimos do que é real. Segundo o Dr. Brantley, nessa situação precisamos nos lembrar de que *não somos* a ansiedade e o pânico que sentimos. "Na verdade são apenas condições que fluem para dentro e para fora do momento presente", diz. Se alcançarmos um estado mental de calma e atenção, será mais fácil deixar que os pensamentos e as sensações surjam, "sem nos perdermos neles".[4]

Uma das técnicas clássicas que nos ajudam a voltar a nosso centro de calma e ficar presentes com nossas experiências é a respiração consciente — ficar imóveis, foçalizados na sensação da respiração que entra e sai do corpo, trazendo gentilmente a atenção de volta sempre que a concentração for perdida. As tradições espirituais do mundo oferecem muitas outras práticas que nos ajudam a reduzir o ritmo: focalizar e afastar pensamentos perturbadores, desde a oração centrante da tradição contemplativa cristã, até alguma forma de movimento consciente, como a yoga, o tai chi, a caminhada pelo labirinto ou a meditação em movimento (uma forma de atenção plena, em que trazemos toda a percepção para cada componente de cada passo que damos). Você pode até mesmo praticar o comer consciente, reduzindo o ritmo e experimentando totalmente os odores, sabores e sensações de cada porção que mastiga.

Na realidade, os sábios dizem que qualquer atividade da vida pode ser feita de tal forma que estejamos plenamente conscientes do que experimentamos e sentimos no momento presente. E essa é a questão. Os rituais e as técnicas são instrumentos para nos ajudar a viver a vida com os olhos do coração e da alma bem abertos — vendo as coisas como elas são. Com os olhos abertos e a mente tranquila, podemos responder, em vez de reagir cegamente. Responder em vez de reagir é uma distinção importante e uma meta nobre. A capacidade de responder nos dignifica, porque fazemos uma pausa para ouvir a mensagem que o sentimento traz. A reação não se preocupa em ouvir ou dignificar; ela se atira impulsivamente para a frente, na trilha de um reflexo desgastado.

Sei muito bem como a atitude de se perder nas reações em vez de reagir calmamente numa situação pode turvar as águas e causar muita perda de tempo. Se não tiver cuidado, meu reflexo condicionado — a preocupação — pode transformar qualquer probleminha numa batalha campal desgastante. Depois que fico frenética, perco a capacidade de pensar com clareza. Para evitar essa reação preciso lembrar-me de voltar à normalidade, ficando quieta. Preciso introduzir um momento de quietude para frear a aceleração. Tive outra sessão prática desse recurso numa outra noite, quando não consegui encontrar o carregador da bateria de minha câmera fotográfica, depois de procurar por toda parte. Não era essencial encontrá-lo, mas fiquei muito irritada. E depois fiquei muito preocupada. Então, as emoções adquiriram vida própria. Ao recordar agora o diálogo em minha cabeça e a reação do tipo "você tem de resolver isso agora, senão...", eu acho graça, mas não parecia nada engraçado na ocasião.

O carregador estivera na minha mala numa viagem recente, e eu tinha certeza de tê-lo retirado da mala quando voltei. Quando olhei em torno e não consegui localizá-lo nos lugares habituais, comecei a me preocupar. E se o tivesse perdido? Corri para o porão e, de gatinhas, conferi novamente o conteúdo da mala. Quando vi que o carregador não estava ali, minha ansiedade aumentou mais um pouco e me puxou para longe do momento presente. "Quanto será que vai custar um carregador novo? Aposto que essa droga é muito cara", comecei a me preocupar. "Talvez tenha sido esquecido no quarto do hotel. Sou mesmo idiota! Meu marido não vai ficar *nada* feliz quando descobrir..."

Dez minutos depois eu ainda estava correndo de um lado para outro, procurando embaixo de pilhas de roupas e arrancando os lençóis da cama, pensando que talvez o objeto tivesse caído embaixo da cama quando desfiz a mala. Eu estava mentalmente me espancando, tudo por causa de um pequeno carregador de baterias preto. Finalmente, percebi que meu coração estava acelerado e consegui me fazer parar. Pensei: "Não vale a pena. Não estou respeitando meu tempo. Estou novamente frenética e isso me impede de encontrar o que procuro. O carregador vai aparecer ou, então, eu compro um novo."

Respirei fundo e aceitei a realidade. Então, um pensamento brotou em minha mente: talvez meu marido tivesse colocado o carregador em sua mala. Corri até a sacola de viagem dele, que ainda estava largada no chão do quarto, abri e lá estava o aparelho, em cima das meias. O fato de ter criado um espaço de tranquilidade em meu mundo me tornou receptiva para a resposta que estava presente o tempo todo.

VOCÊ É MAIS DO QUE OS SEUS SENTIMENTOS

Naquela ocasião, só precisei de seis minutos para frear a reação em cadeia (estou ficando melhor nisso), e o problema não era tão grave. No entanto, à medida que permaneço consciente e presente, em vez de ceder a uma reação inconsciente e programada, percebo que os mesmos princípios se aplicam quando a ansiedade e a preocupação ficam mais profundas, porque o padrão é o mesmo. Isso é um hábito.

Nossa maneira habitual de reagir a situações desafiadoras talvez não desapareça de todo, mas podemos aprender a perceber com mais facilidade o que acontece em nosso interior, antes que as emoções tomem conta do cenário — antes de sermos dominados por elas. Em um segundo de tomada de consciência podemos parar, abrir um espaço de calma e lembrar: *Não sou a preocupação, o pânico ou o medo que estou sentindo. Isso é um hábito, um padrão — não sou eu. Sou a presença calma, permanente e sábia no centro. Esses pensamentos e sentimentos são condições que vão e vêm. Eles não são mais fortes do que eu e não são permanentes. O verdadeiro eu é permanente.*

Você também pode trazer à consciência o paradoxo que estivemos discutindo aqui: *Embora meus sentimentos sejam valiosos e eu possa aprender com eles, sou muito mais do que aquilo que sinto.* Você é mais do que seus sentimentos porque eles nem sempre estão calcados na verdade. Eles podem ser detonados por crenças falsas e condenatórias que você guarda sobre si mesmo e sobre os outros e que o fazem julgar, acusar ou sentir vergonha. Você pode aprender a enxergar essas crenças falsas e esses sentimentos enganosos antes que eles o dominem. Você pode prendê-los com a rede da presença e dizer a si mesmo: *Os sentimentos nem sempre são fatos.* Em seguida, aja com base no que é verdadeiro e deixe passar o que não é.

Com a prática de observar os sentimentos em vez de se deixar engolir por eles, você se tornará mais hábil em distinguir os sentimentos válidos, que pedem uma ação concreta, daqueles que são somente uma imagem na tela. Quanto a essas imagens, são como nuvens no céu — vão e vêm. Mas não temos que deixá-las controlar-nos ou definir-nos. Na realidade, não fazem nada disso. O que nos controla e define são as histórias que criamos a partir delas.

MITO:

Meus sentimentos sempre me levarão na direção correta.

MÁGICA:

Meus sentimentos nem sempre são calcados na verdade.
Sou mais do que meus sentimentos e controlo
aquilo em que me focalizo.

Todos nós temos escolha. Podemos parar de resistir ao que é e ser honestos sobre nossos sentimentos, sem deixar que eles tomem conta de nós. Podemos ser compassivos para conosco, aprendendo com o que sentimos. Talvez não possamos controlar os pensamentos ou sentimentos que circulam em nós, mas controlamos aquilo em que nos focalizamos. Como os sábios gostam de dizer, talvez não possamos mudar as emoções que experimentamos, mas podemos mudar nossa relação com elas. Se você não entrar na montanha-russa de uma emoção descontrolada quando ela surgir, seus pensamentos não poderão sequestrá-lo. Se ficar tranquilo, poderá permanecer no presente, que é o seu lugar.

CHAVES PARA ALCANÇAR O EQUILÍBRIO

Encarar os sentimentos

Recebemos informações valiosas não só da mente lógica mas também do coração e das entranhas. Quando não damos atenção aos nossos sentimentos ou resistimos a eles, nós nos dessensibilizamos para as mensagens importantes que tentam trazer. As sete perguntas a seguir podem ajudá-lo a fazer um inventário emocional, de modo a aprender mais sobre sentimentos e sobre sua forma de lidar com eles, e também a saber se você está sendo honesto consigo mesmo.

- Alguma vez digo a mim mesmo que preciso ignorar meus sentimentos porque devo receber sem resistência tudo o que vem?

- Sinto mal-estar ou dúvidas sobre situações em minha vida, mas procuro usar a lógica ou os fatos para me convencer de que meus sentimentos não são válidos?

- Quando fico ansioso, tendo a suprimir meus sentimentos? Procuro afogá-los, ficando perpetuamente ocupado ou usando algo que não é saudável? Quais são as rotas de fuga que uso para evitar enxergar meus verdadeiros sentimentos?

■ Eu aceito tudo o que as pessoas me impõem e mais tarde fico ressentido ou irritado porque não me defendi?

■ Tenho dificuldade para expressar meus sentimentos e defender minha posição, quando os outros tomam decisões que me afetam ou quando me sinto maltratado, atropelado ou enganado?

■ Atribuo aos outros a culpa por situações existenciais que me impedem de progredir, em vez de usar meu sentimentos para perceber o que desejo e o que devo fazer para sair do atoleiro?

■ Reservo algum tempo diariamente para me sintonizar com meus sentimentos, de modo a manter os olhos e a alma bem abertos?

Confira seus sinais vitais e valorize o resultado

É crucial reservar diariamente algum tempo para conferir seus sinais vitais e emocionais — ouvir seus sentimentos e instintos, em vez de suprimi-los. Sente-se calmamente onde não possa ser interrompido. Relaxe e respire profundamente. Durante alguns momentos, focalize-se na sensação da respiração que entra e sai. Permaneça focalizado nisso e em mais nada. Visualize-se entrando no próprio coração e harmonizando-se com seu ritmo natural, enquanto segue os próximos passos.

❶ Existe em sua vida, neste momento, alguma situação que lhe cause desconforto ou ansiedade? (Você pode escolher uma situação que tenha vindo à sua mente enquanto fazia o inventário anterior ou outra situação que deseje resolver.) Resista à tentação de se condenar por sentir-se como se sente ou de culpar os outros por causarem aqueles sentimentos. Os sentimentos surgem em todos nós. Eles fazem parte da vida. Deixe que venham naturalmente.

❷ Receba de forma compassiva o que estiver sentindo e diga a seus sentimentos: *Eu escuto vocês. Ouço sua mensagem. Estou me mantendo no presente para agir.* Se os seus pensamentos começarem a levá-lo para fora do presente, a perseguir fantasmas do passado ou fantasmas do futuro — o que acontece com qualquer um —, afirme suavemente: *Eu me respeito voltando ao presente, ao que está à minha frente neste momento. Eu me respeito permanecendo em meu coração.* Ao ficar presente no coração, em vez de pular de uma história para outra que surja em sua cabeça, você será capaz de responder com sabedoria ao que estiver acontecendo. Em seu coração, você tem a solução criativa para qualquer problema.

❸ Ouça o que os seus sentimentos lhe dizem quando você se faz as seguintes perguntas:

- O que estou sentindo com relação a essa situação?

- Em que região do corpo percebo o sentimento?

- Como descrevo essa sensação?

- Se o sentimento pudesse falar, o que diria?

- Que crença, medo ou preocupação promove esse sentimento? Essa crença ou medo é válido ou estou tirando conclusões precipitadas?

- O que esse sentimento me pede para fazer?

- Para dar andamento ao que descobriu e seguir adiante, que escolhas novas posso fazer para me sentir em paz com essa situação? (Talvez você precise tomar uma providência específica; talvez só precise admitir a emoção, abrir mão dela e deixá-la passar, como passa uma nuvem no céu.)

CAPÍTULO 10

QUANDO *o* CAMINHO CHEGA *ao* FIM

Quando o caminho termina, há mudança — tendo mudado, você atravessa.

— I CHING

Uma vez tendo entrado em contato com seus verdadeiros sentimentos e afirmado suas necessidades, os acontecimentos e as pessoas que entram e saem de sua vida mudam drasticamente. Oportunidades novas e melhores sempre surgem. Sua chama interior fica mais forte e mais brilhante.

Diane descobriu como a vida pode mudar quando se segue a voz dos sentimentos, após ser confrontada inesperadamente com uma questão que lhe desafiava tanto a carreira quanto a personalidade. Pensou que havia finalmente encontrado um emprego no lugar certo e na área de atuação certa. Trabalhava diretamente com o dono da empresa, como assistente. Então, um dia descobriu que o patrão tinha uma relação pouco ética com os clientes. Sabia que aquilo estava errado e esperava que alguma coisa acontecesse para corrigir a situação, sem que ela precisasse balançar o barco. No entanto, nada mudou, e Diane sabia que não podia deixar a situação continuar inalterada. Quando finalmente reuniu coragem para falar com o patrão, ele rejeitou as preocupações dela. Diane advertiu o patrão que se aquele comportamento não fosse mudado, dentro de uma semana, pediria demissão. Sete dias depois ela se viu saindo da empresa, carregando uma caixa com seus pertences.

Quando a moça parou no hall do edifício de escritórios para tomar fôlego, perguntando-se o que iria fazer sem emprego, sem indenização e sem qualquer indicação, um cavalheiro mais velho e bem-vestido parou a seu lado. Estava tendo dificuldade para abrir a pasta. Instintivamente, Diane ofereceu ajuda e sem demora descobriu qual era o problema. "Você é esperta", disse o homem, ao agradecer. Sem pensar, ela respondeu: "Se sou tão esperta, talvez você deva me contratar!" Acontece que o homem estava procurando uma boa gerente. A moça era perfeita para o emprego.

MITO:

Se eu sair desse relacionamento, emprego ou situação, talvez nunca mais tenha uma oportunidade melhor.

MÁGICA:

Quando dou adeus a uma situação que não é boa para mim, crio uma abertura para que uma nova dádiva entre em minha vida.

Diane me contou mais tarde que o homem era muito respeitoso e o novo emprego pagava muito mais do que o antigo. "Na verdade, não precisava ter me preocupado nem um pouco com a necessidade de defender meus princípios e deixar o emprego anterior." De fato, o universo estava apenas esperando que ela abrisse um espaço em sua vida para receber o presente. Às vezes, ir embora é a direção certa a seguir. Isso gera uma abertura para que a vida opere sua mágica.

Quando alguma coisa termina, podemos ter a tentação de receber o fim com arrependimento, amargura ou culpa. Em vez disso, encare o fim com o conhecimento seguro de que, por alguma razão, você precisa sair da estrada pela qual vinha viajando e pegar outro caminho. Não olhe para trás e não abaixe a cabeça como se tivesse feito alguma coisa errada ou estivesse sendo punido. Esteja certo de que sua nova aventura revelará, no momento certo, sua recompensa, e essa mudança acabará por beneficiá-lo. Faça suas novas escolhas com base nessas verdades e você estará honrando a pessoa que você é e a pessoa em que deve se transformar.

A FÊNIX DENTRO DE NÓS

Por que nosso reflexo natural é culpar-nos ou culpar os outros quando chegamos ao fim de alguma coisa? Para começar, acreditamos no mito de que há alguma coisa errada quando um fim acontece — de que o fim não é natural. Talvez o que nos incomode ainda mais seja o fato de não controlarmos como e quando as coisas terminam. Mas como poderíamos ter esse controle? Não podemos controlar o que acontece ao nosso redor, só podemos controlar a nós mesmos.

Benjamin Franklin escreveu que "neste mundo as únicas certezas são a morte e os impostos", mas existe ainda outra certeza: a mudança. Tudo muda. Os fins não são exceção à regra, eles são a regra. Cada dia chega ao fim e dá lugar a uma nova madrugada. Cada estação se transforma na próxima. A lua nova logo se torna lua cheia e vice-versa. Nossas vidas e tudo o que acontece nela são governados pelo mesmo ciclo universal: nascimento, crescimento, maturidade, declínio, repouso e renovação.

Heráclito, o filósofo da Grécia Antiga, afirmou que a única constante é a mudança. Lendas e tradições de todo o mundo falam dessa verdade. Por exemplo, os índios norte-americanos usam o símbolo do círculo para descrever os ciclos de mudança e transformação inevitáveis na vida. Alce Negro afirmou: "O poder do mundo sempre opera em círculos. A vida do homem é um círculo [...], e o mesmo acontece com tudo aquilo em que o poder se move." No místico livro do Apocalipse podemos ler: "Eu sou o Alfa e o Ômega, o princípio e o fim." Os inícios e términos da vida também estão refletidos na trindade sagrada do hinduísmo — Brahma, Vishnu e Shiva, que representam o Criador, o Conservador e o Destruidor.

A tradição hindu também representa as transformações da vida por meio da iconografia de Kali, a deusa da vida e da morte, da transformação e da dissolução. Para entender a imagística evocada pelos deuses e deusas do hinduísmo é preciso entender que cada divindade simboliza e expressa uma função do divino. Suas qualidades e características representam processos vitais que nós também vamos experimentar. Kali é uma figura paradoxal. Tal como as forças da mudança que nos acometem, essa deusa é, simultaneamente, cruel e amorosa, assustadora e gentil. Ela é representada com quatro braços, cabelos desgrenhados e um colar feito de crânios humanos. As duas mãos direitas conferem dádivas maternais, representando o lado criativo da vida com seus inícios. Nas duas mãos esquerdas ela segura a espada do conhecimento e uma cabeça decepada. Esses objetos simbolizam a capacidade de libertar o homem de tudo o que o liga ao ilusório, dando fim à ignorância. Muitos términos na vida trazem o fim da ignorância, quando despertamos para uma verdade que não havíamos percebido antes e decidimos que está na hora de seguir adiante.

Outro símbolo absoluto e universal da transformação vem da lenda antiga da fênix. Diferentes versões dessa lenda podem ser encontradas em muitos países, inclusive no Egito, na Pérsia, na Grécia, na China e na Irlanda. Ela fala de uma ave maravilhosa que na velhice constrói um ninho para si mesma, incendeia-o e é consumida pelo fogo. Das cinzas de sua destruição surge uma nova fênix.

MITO:

Se me esforçar bastante, posso controlar o que acontece em minha vida.

MÁGICA:

Os términos são uma parte natural dos ciclos da vida. Eu honro a mim mesmo quando os aceito e aceito a transformação que eles trazem.

Todas essas tradições e muitas outras servem para nos lembrar de que nós também estamos envolvidos numa dança contínua de transformação, à medida que nossos entendimentos, posses, hábitos, relacionamentos e maneiras de ser abrem caminho para o novo. Quando um término bater à sua porta, não é preciso ter medo. Celebre-o e saiba que você também tem uma fênix dentro de si.

ESCALANDO A PAREDE

Embora a sociedade moderna talvez dê menos ênfase aos marcos de nossas jornadas internas, as imagens de finais estendendo a mão aos novos inícios ainda podem ser vistas em nossos dias. Vejamos, por exemplo, os ritos de passagem como o Bar Mitzvah ou o Bat Mitzvah, que celebram o início da vida adulta, ou as cerimônias de formatura que marcam muito mais do que o final de um nível de escolaridade. As formaturas não só assinalam o fim de uma era; também comemoram o início de uma nova. Por isso, são chamadas de "graduações".

Quando passamos por qualquer tipo de término, devemos pensar dessa mesma forma — como uma cerimônia de formatura. A vida é uma escola, e, em muitos casos, os términos são na verdade graduações e promoções, embora à primeira vista possam parecer exatamente o oposto. Quase sempre os finais chegam porque aprendemos uma lição e estamos prontos para a próxima ou esgotamos as possibilidades que uma situação pode oferecer e precisamos de uma mudança de cenário que traga novas oportunidades. Os finais não são apenas naturais, são necessários. Quando um se apresentar em sua vida, esteja certo de que há uma razão para isso.

Como podemos saber que é hora de celebrar um término e seguir adiante? Lembre-se do que acontece com uma planta quando já não tem espaço suficiente para continuar a crescer e fica cheia de raízes. Nesse caso, as raízes procuram nutrição literalmente escalando as paredes do vaso. A planta começa a crescer mais devagar e a floração não é tão rica quanto poderia ser. Para sobreviver e progredir, precisa de um vaso maior, cheio de terra nova e fértil.

O mesmo vale para nós. Quando não temos espaço suficiente para crescer, também começamos a "subir pelas paredes". Reduzimos o ritmo ou ficamos deprimidos. Não nos sentimos animados e vivos. Se não tomarmos providências para corrigir a situação, a vida, com frequência, fará isso por nós. Subitamente nos veremos desenraizados e transplantados sem saber por quê. Se formos observadores, porém, veremos que a mudança é exatamente aquilo de que precisávamos. Na verdade, ela nos salva — nos dá vida nova.

Não é fácil dar início a nossas próprias mudanças, razão pela qual a vida toma a iniciativa de fazer isso por nós. Tenho uma jovem amiga que terminou um namoro de seis anos. Nos últimos tempos da relação o namorado a tratava mal e a traía. Ele era imaturo e ela viu que não pensavam da mesma forma, nem no plano emocional nem no espiritual. Embora soubesse que o melhor para ela era terminar, durante muitos meses minha amiga abrigou dúvidas. Uma parte dela pensava que talvez fossem destinados a ficar juntos, mas outra parte instintivamente sabia que já não tinha espaço para crescer na relação. Ela estava cheia de raízes, mas precisou de muito tempo para aceitar que seus instintos estavam corretos e perceber que o comportamento imaturo daquele rapaz era apenas um catalisador de que a vida precisava para elaborar o rompimento. Em suma, o universo despediu o rapaz daquele relacionamento e ela foi promovida. Foi só isso.

Tal como minha amiga, a maioria de nós tem dificuldade em abrir mão e aceitar o fim. Talvez por essa razão a vida nos faça praticar muito. Mesmo as menores coisas podem nos lembrar de fluir com a mudança e aceitar que alguma coisa acabou. Isso me aconteceu recentemente quando meu telefone começou a apresentar defeitos intermitentes. Eu me recusei a aceitar que o telefone estava nas últimas e gastei muito dinheiro numa bateria nova e especial. No entanto, a troca de bateria não resolveu o problema, já que o verdadeiro problema estava em mim. Eu não queria aceitar o inevitável. Por mais infantil que possa parecer, eu estava apegada àquele telefone. Todos os números importantes para mim estavam programados nele. Eu adorava sua cor branca. Nenhum dos novos telefones que vi parecia tão bom quanto o meu velho amigo.

Quando ficou evidente que seria preciso comprar um novo, me lamentei e esperei pelo pior. No entanto, o fato é que o novo aparelho tinha diversas características muito úteis e logo comecei a me perguntar como pude viver sem elas. Finalmente, fui forçada a admitir que o fato de o meu telefone antigo ter quebrado não foi um inconveniente ou um truque sujo de um espírito do mal. Aconteceu por uma razão e me ensinou, mais uma vez, que posso poupar muito tempo, energia e dinheiro se aceitar mais cedo o inevitável.

O PASSADO É SEMPRE UM PRÓLOGO

Aprender a aceitar os términos há muito tempo faz parte da experiência humana, como ilustra uma comovente história que vem da Índia Antiga. Quando o único filho de uma mulher jovem morreu, ela ficou tão abalada que não foi capaz de aceitar a perda. Carregou o filho nos braços e procurou todos os vizinhos, implorando-lhes um remédio que curasse a doença da criança. Finalmente, um dos vizinhos sugeriu que procurasse o Buda. Desesperada, a mulher encontrou o sábio e mais uma vez pediu um remédio que curasse seu filho. O Buda ficou cheio de compaixão por aquela pobre mãe, mas não alimentou sua ignorância. Em vez disso, solicitou: "Primeiro, preciso de um punhado de sementes de mostarda, mas elas devem vir de uma casa onde ninguém tenha perdido um filho, um cônjuge, um dos pais ou um amigo."

A jovem saiu de casa em casa, ansiosamente batendo em todas as portas, mas não encontrou ninguém que preenchesse o requisito. Em toda casa alguém havia perdido uma pessoa amada. Finalmente, tarde da noite, ela se sentou à beira da estrada e observou as luzes da cidade se apagarem, uma a uma, como as vidas de todos os que se vão — como a vida do filho. "Como sou egoísta por continuar a me lamentar dessa forma", pensou. "A morte vem para todo mundo. Só existe uma lei: nada é permanente — tudo muda." Com essa percepção, ela finalmente foi capaz de se despedir do filho e passar para a fase seguinte de sua vida. Embora, sem dúvida, os finais e as mudanças em nossa vida possam ser dolorosos, nós os agravamos quando os consideramos um "mal", "erro" ou "fracasso" e nos recusamos furiosamente a aceitá-los. O filme *Mensagem para você* é outro bom exemplo disso. Uma pequena livraria especializada em literatura infantil, pertencente à personagem principal, Kathleen (interpretada por Meg Ryan), está sendo levada à falência por uma grande rede de livraria que foi inaugurada na região. A concorrência parece injusta. A proprietária se apega à situação anterior, convocando, inclusive, o apoio do público para sua causa, mas isso de nada adianta. Quando o negócio finalmente vai à falência e Kathleen precisa empacotar seus pertences e fechar as portas, a moça recebe inesperadamente uma oferta fantástica na qual nunca havia pensado: um emprego para escrever livros infantis. Agora ela pode intervir na vida de um número muito maior de crianças do que quando tinha uma pequena livraria. Todo o trabalho que realizou na administração da livraria era apenas um prólogo para essa nova aventura. O tempo todo estivera sendo treinada para a nova condição. Aquele término se revelou uma promoção.

Essa história é muito típica do que tendemos a fazer quando surge um final inesperado, seja um telefone quebrado, um relacionamento deteriorado ou a possibilidade de uma demissão. Quando um final está nos bastidores esperando para entrar no palco, podemos criar uma necessidade desesperada de reter aquilo com que nos sentimos confortáveis. Desejamos freneticamente consolidar uma situação e permanecer nela, quando nosso ser interior pede para a transcendermos. Nós somente prolongamos a tristeza e a dor, quando nos recusamos a aceitar que os finais na verdade são coreografados por nossa própria alma, para nosso próprio bem.

Mergulhar no escuro pode ser assustador, porém, quando aceitamos o final e olhamos para a frente, em vez de continuar olhando para trás, as portas da transformação se abrem. Joseph Campbell, o renomado especialista norte-americano em mitologia, assinalou isso quando descreveu "um conselho dado aos jovens índios norte-americanos no momento de sua iniciação: 'No caminho da vida, você encontrará um grande abismo. Salte. Ele não é tão alto quanto você imagina.'"[1]

CAPÍTULO 11

DEIXAR *o* FARDO PARA TRÁS *e* VOAR

"Ele me ofendeu, ele me bateu, ele me derrotou, ele me roubou" — em quem nutre esses pensamentos, o ódio nunca desaparece.

— O DHAMMAPADA

No círculo de dar e receber que compõe nossa vida, uma das maneiras mais poderosas de doação sempre será dar o benefício da dúvida. E isso significa deixar de lado suas ideias preconcebidas, excluir o julgamento precipitado, os rancores, os ressentimentos, para ver realmente o que está à sua frente e o que é real, não atingido por seus preconceitos — seus julgamentos infundados.

Uma das histórias de sabedoria de que mais gosto, originária da tradição hassídica, ilustra o que pode acontecer quando deixamos de lado o pensamento limitado e os hábitos condenatórios. Um certo rabino às vezes se recolhia a uma cabana na floresta para ficar algum tempo sozinho. Um dia, enquanto o rabino estava lá, o abade de um monastério próximo bateu à porta e pediu para falar com ele. O abade explicou que estava preocupado porque naquele momento havia apenas cinco monges no monastério e todos já tinham passado dos 70 anos. Ele estava com medo de que em breve não houvesse ninguém para manter as tradições, e perguntou se o rabino poderia lhe dar algum conselho. O rabino admitiu que também via diminuir o número de frequentadores da sinagoga. "Não tenho nenhum conselho para lhe dar", disse, "mas preciso dizer-lhe uma coisa — um dos monges do seu monastério é o Messias."

O abade levou essa notícia surpreendente para os outros monges. Parecia muito improvável que qualquer um deles fosse realmente o Messias, mas não conseguiam deixar de pensar nas palavras do rabino. É claro que cada um deles tinha suas idiossincrasias, mas... e se o rabino tivesse razão? Com esse pensamento em mente, os monges começaram a relevar os hábitos irritantes uns dos outros e passaram a procurar com mais atenção as boas qualidades. Da mesma importância foi o fato de cada monge começar a apreciar mais as próprias virtudes, em vez de focalizar os próprios defeitos. Para resumir, com o passar das semanas os monges se tornaram menos críticos uns dos outros e de si mesmos. A semente plantada pelo rabino estava criando raízes.

Todo verão os moradores de cidades vizinhas vinham fazer piqueniques nas terras do monastério. Naquele ano, observaram quanta consideração e afeto os monges demonstravam entre si e para com os visitantes. Eram extremamente gentis e respeitosos. Transpiravam paz e alegria. Alguns dos jovens que viviam na região começaram a perguntar ao abade se poderiam entrar para a ordem e compartilhar o estilo de vida especial dos monges. Por sua vez, esses jovens monges atraíram outros. Logo o monastério estava cheio de vida, mas também se transformara em exemplo luminoso de amor em ação para todas as comunidades ao redor. Ao deixar de lado as críticas mesquinhas e dar aos outros o benefício da dúvida, os cinco monges idosos afastaram o pensamento limitante que os restringia. Quando se concentraram nas qualidades positivas, essa positividade floresceu e deu frutos que foram muito além das vidas deles.

Essa história destaca uma questão fundamental: é o objetivo da vida, ou mesmo da espiritualidade, enumerar nossas falhas e erradicar todas as formas de violação das regras em nossas personalidades? Ou a arte de dar e receber, a arte da própria vida, pede que apreciemos o melhor em nós e nos outros, sabendo que ao fazê-lo essas qualidades crescerão e brilharão mais?

MITO:

O mundo se torna um lugar melhor quando me concentro na erradicação de minhas falhas e ajudo os outros a fazerem o mesmo.

MÁGICA:

Eu encho de energia tudo aquilo em que me concentro. Tudo que aprecio em mim e nos outros fica mais forte e floresce.

Não se pode subestimar o poder da apreciação. Ela é o supremo motivador e ampliador do bem. Madre Teresa uma vez observou que, "se julgamos os outros, não sobra tempo para amá-los". Quando valorizamos em vez de criticar, saímos de um modo de operação mental condenatório e funcionamos com base no coração — e tudo o que o coração nutre, cresce abundantemente. Embora seja importante nos corrigirmos e orientarmos aqueles que estão sob nossos cuidados, todos progredimos mais depressa quando somos apreciados e elogiados. Com que frequência você reserva um momento do seu dia para entrar no coração e dizer em termos claros a seus amigos, parentes ou colegas de trabalho como as palavras, as ações e os talentos deles o ajudaram?

A ideia de que aquilo que valorizamos cresce com mais força não é apenas mais um chavão. A forma como tratamos e vemos os outros tem implicações importantes para nós. Quando julgamos os outros e nos recusamos sutilmente a dar-lhes o benefício da dúvida, restringimos o que podemos receber. A autora espiritualista Elizabeth Clare Prophet definiu muito bem essa questão: "Toda vez que limitamos alguém, nós nos limitamos." A razão para isso é muito simples: se seu coração é pequeno demais para comportar a imagem mais favorável dos outros, seja qual tenha sido o comportamento anterior deles, certamente você não será capaz de visualizar o que você mesmo pode ser. Ao expandir seu coração e dar aos outros o benefício da dúvida, você cria mais espaço para seu próprio crescimento.

QUANDO NÃO PERDOAMOS

E se dermos a alguém o benefício da dúvida e a pessoa sistematicamente nos ferir ou ferir alguém? Como podemos dar fim ao ressentimento, expandir o coração e continuar a doar? Não é fácil. Mesmo depois de termos dito adeus e ido embora há muito tempo, a lembrança dessas feridas pode permanecer.

Só há uma razão real para não perdoarmos com mais facilidade: abrigamos conceitos equivocados sobre o que é o perdão e o que acontece quando perdoamos. Muitos têm em mente uma imagem de que perdoar é coisa de gente fraca. Achamos que perdoar é ceder a um opressor que não deveria nos atormentar. Também podemos acreditar que pelo perdão estamos endossando o comportamento prejudicial do ofensor e dando um sinal verde para ele continuar a agir da mesma forma. Tudo isso não passa de mito.

O perdão não pede que se aprove o comportamento afrontoso ou o próprio ofensor, caso ele repita o comportamento. Você pode perdoar e fazer o necessário para se proteger. Você pode perdoar e ainda assim ter clareza sobre o que não irá aceitar em sua vida dali em diante. Além disso, o ato do perdão não livra ninguém da responsabilidade pelas transgressões. O perdão não apaga o fato de que a ação de alguém foi vergonhosa.

O rabino Harold Kushner explicou esses fatos a uma mulher de sua congregação que estava ressentida e com dificuldade para manter três filhos depois que o marido a deixou. Quando a mulher perguntou como poderia perdoar o marido, o rabino respondeu: "Não estou pedindo a você que o perdoe porque o que ele fez é aceitável, pois não é [...] Estou pedindo a você para perdoá-lo porque ele não merece o poder de viver em sua cabeça e transformá-la numa mulher amarga e irritada." Então, ele disse que se ela persistisse no ressentimento não iria ferir o marido; iria ferir a si mesma. Segundo o rabino Kushner, o perdão não é algo que fazemos por alguém. "O perdão acontece dentro de nós", afirma. Equivale a dizer: "Eu me recuso a dar a alguém o poder de me definir como vítima."[1]

MITO:

Ao perdoar os outros, estou concordando com o comportamento deles e isentando-os de responsabilidade.

MÁGICA:

Ao perdoar, não estou sancionando atos prejudiciais ou livrando os indivíduos de responder por suas ações. Ao perdoar, eu me liberto.

Ao perdoar e dar a alguém o benefício da dúvida você pode muito bem dar a ele uma segunda chance. O mais importante, porém, é a verdade paradoxal de que perdoar os outros nos liberta. Por mais estranho que pareça, tendemos a acreditar que, quando nos recusamos a perdoar os outros, nós os cortamos de nossas vidas encerrando a conexão com eles. Ao persistir em manter um ressentimento — com ênfase na palavra "manter" —, não estamos encerrando nada. Ao guardar a amargura, o ressentimento ou mesmo o desejo de vingança, permanecemos mental e emocionalmente envolvidos com o acontecimento. Isso só nos mantêm relacionados — conectados — com as próprias pessoas a quem queremos dar adeus.

A atenção é energia. Sempre que concentramos nossa atenção em alguém, ou alguma coisa, criamos um fluxo de energia que nos conecta àquilo. Não importa se seus pensamentos são de amor ou cheios de irritação e raiva. Nos dois casos, você cria uma ligação energética alimentada por sua atenção. O místico Saint Germain descreveu o imenso poder dos pensamentos nas palavras: "A atenção é a chave; aonde vai a atenção do homem, para lá vai sua energia, e só resta a ele seguir."[2] Quando entendemos essa equação energética, é fácil ver que nos ligamos automaticamente a qualquer um que seja alvo de nossa aversão, ressentimento ou raiva. Você pode achar que o rancor é a resposta certa quando quer se distanciar dos outros, mas nos níveis energéticos sua amargura o liga a eles. Ela fortalece a conexão.

Outra forma de entender o que acontece quando não perdoamos é ver que o ressentimento, literalmente, drena nossa energia vital. Ele divide nossa atenção de modo que não temos mais 100 por cento de nossa energia para aplicar nas áreas da vida que precisam de atenção. Criamos uma situação semelhante a tentar regar o jardim com uma mangueira e descobrir que só conseguimos uma quantidade mínima de água porque a mangueira está toda furada. Até consertarmos os vazamentos, só conseguiremos uma fração da água que poderia chegar até nós. Embora seja possível nos iludirmos, pensando que negar o perdão nos dá algum controle sobre a situação, na verdade somos controlados por qualquer coisa que deixamos roubar nossa preciosa energia e atenção. Quando não perdoamos, quem sofre somos nós. Talvez você tenha ouvido o ditado que fala dessa questão em termos ainda mais enérgicos: não perdoar alguém é como beber veneno e esperar que outra pessoa morra.

MITO:

Quando me recuso a perdoar, mantenho o controle.

MÁGICA:

Aquilo que eu não consigo perdoar, me controla.

Um retrato vívido do que acontece quando nos aferramos à nossa raiva pode ser visto no filme *O retorno de Jedi*, da série *Guerra nas estrelas*. Durante uma cena emocionante o cruel imperador e Darth Vader estão diante de Luke Skywalker. O imperador esperou pacientemente pela oportunidade de atrair Luke para o Lado Negro, como fez com Darth Vader, muitos anos antes. Quando o imperador e Luke se defrontam, o velho provoca o rapaz com as seguintes palavras: "O ódio está crescendo dentro de você neste momento. Pegue seu sabre de luz. Use-o [...] Mate-me com ele."

Então, o imperador resumiu exatamente o que a raiva e a negação do perdão nos fazem: "Renda-se à sua raiva. A cada momento que passa você é mais meu servo." O imperador sabia que, quanto mais odiamos, mais nos rendemos ao objeto de nosso ódio. Felizmente, Luke se controla a tempo. Ao levar a atenção de volta a seu verdadeiro ser e ao amor, ele não só se salva como também traz Darth Vader de volta para o lado iluminado da força.

Para que você não pense que tudo isso é um pouco intangível demais e que os benefícios do perdão são uma tolice metafísica, saiba que um campo florescente da pesquisa científica está provando o contrário. Estudos mostraram que guardar ressentimento, hostilidade e raiva pode fazer mal de modos muito tangíveis. Por exemplo, um estudo mostrou que pensamentos de ressentimento causavam uma taxa mais elevada de batimentos cardíacos e alterações na pressão sanguínea, enquanto pensamentos de perdão eram acompanhados por um nível mais atenuado de reações fisiológicas ao estresse. Na pesquisa com pacientes que sofriam de dor crônica na região lombar, aqueles que conseguiam perdoar tinham níveis mais baixos de dor, além de menos raiva e depressão em comparação com os que não perdoavam. Em experiências com "intervenção de perdão", nas quais indivíduos aprendiam a perdoar os parceiros de relacionamento, os participantes mostraram níveis mais elevados de esperança e autoestima e níveis mais baixos de ansiedade e depressão. Em outro estudo, mulheres que perdoaram as transgressões dos pais de seus filhos tinham menos sintomas de ansiedade e depressão, além de um sentimento mais intenso de autoaceitação e de propósito na vida, em comparação com mulheres ressentidas.[3] Esses experimentos e outros mostram que o prejuízo que nos causamos quando não perdoamos não é só um fardo emocional, mas também um fardo físico.

REDUZIR A ESCALADA

Ao começar a analisar os conceitos equivocados que podem impedi-lo de libertar o poder do perdão você pode encontrar mais alguns mitos pendurados nas teias de aranha. Você alguma vez abrigou a ideia de que para seguir adiante precisava ter certeza de que a justiça tinha sido feita? Alguma vez sentiu que precisa entender por que algo aconteceu para ficar em paz com aquela situação?

"Por que isso aconteceu? Por que comigo? Por que agora?", perguntamos. Você pode conhecer as respostas a essas perguntas. Talvez descubra qual era a lição que aquele incidente devia ensinar-lhe ou que bênção ele oculta. Talvez isso o liberte de um relacionamento doentio, torne você mais forte ou o prepare para ajudar alguém a lidar melhor com a mesma questão. Talvez o que pareceu uma traição na verdade tenha poupado você de uma situação que no futuro poderia se transformar numa calamidade colossal. Talvez o sofrimento causado a você tenha ajudado seu agressor a finalmente ver a loucura de seu comportamento. No entanto, as razões e lições subjacentes podem não ficar evidentes senão muito tempo depois. Na verdade, talvez você jamais compreenda a razão de um acontecimento. Isso significa que você deve esperar para perdoar e ficar em paz?

Uma história maravilhosa da vida do Buda trata da essência dessa questão. Um monge que era discípulo do Buda queixou-se com amargura de que o discurso do mestre nunca abordava as mais importantes questões metafísicas, por exemplo, se o mundo era finito ou infinito, eterno ou não eterno. O monge estava extremamente infeliz com isso e disse que se o Buda não lhe fornecesse essas respostas, ele voltaria à vida que levava anteriormente. O Buda respondeu que quando esperamos por respostas a esse tipo de pergunta, agimos como o homem que é ferido por uma flecha envenenada e determina ao médico: "Não permito que essa flecha mortal seja retirada enquanto não souber o nome, a altura e a cor da pele do homem que me feriu, de que cidade ele vem, que tipo de arco usou, de que material era a corda do arco e como eram as penas que guarneciam a flecha." O ferido morrerá antes de obter as respostas para essas perguntas, embora sua sobrevivência e sua cura não dependam delas.

Nesse caso, de que depende nossa cura? Todos nós, de vez em quando, somos atingidos pelas pedras e flechas do destino afrontoso. É mais importante saber por que aquilo aconteceu, quem foi o responsável e como podemos nos vingar, ou podemos curar a ferida mais depressa e viver mais plenamente se retirarmos a flecha envenenada, reverenciarmos aquele término e nos libertarmos?

Quando prejudicamos alguém, certamente temos que prestar contas de nossas ações e ser responsáveis, e é para isso que temos um sistema de justiça, seja em casa, na escola ou nos tribunais. No entanto, os sábios nos dizem que estamos sujeitos a uma lei ainda mais elevada, uma lei universal que atua automaticamente na vida de todos: a lei do círculo. Se propagarmos a raiva e o ódio, algum dia, em algum lugar, colheremos o mesmo. Se propagarmos amor e perdão, eles voltarão a nós — algum dia, em algum lugar. As tradições mundiais falam claramente sobre isso, seja através do nome de carma, de lei de causa e efeito, de "colher o que se plantou", ou, simplesmente, de "tudo o que vai, volta": o princípio é o mesmo.

Talvez não saibamos de que forma essa lei do círculo se revelará na vida dos outros. Não temos o poder de determinar de que maneira e quando a justiça será feita, mas temos o poder de levar nossa vida de volta aos trilhos e de encerrar o ciclo de ódio e vingança em nosso próprio quintal. Nenhum de nós quer ódio e violência na própria vida; no entanto, quando não perdoamos, mantemos vivos o ódio e a violência. Reclamamos do aumento da violência e do ódio no planeta, no entanto fazemos nossa parte para acelerar esse processo sempre que decidimos não perdoar ou pagar o mal com o mal, e com juros. Nosso próprio ressentimento alimenta essa fera.

Mesmo nas situações mais difíceis e desoladoras, temos o poder de dizer que "esse processo se encerra aqui". O popular texto clássico budista conhecido como Dhammapada apresenta essa verdade pungente nos seguintes versos: "'Ele me ofendeu, ele me bateu, ele me derrotou, ele me roubou' — em quem nutre esses pensamentos o ódio nunca cessa. 'Ele me ofendeu, ele me bateu, ele me derrotou, ele me roubou' — em quem não nutrir esses pensamentos, o ódio desaparecerá, pois o ódio nunca é eliminado pelo ódio, só pode ser curado pelo amor. Essa é uma lei antiga e eterna [...] Todos nós chegaremos ao fim algum dia; para quem conhece essa verdade, as disputas terminam imediatamente."

PARA CRIAR UMA NOVA HISTÓRIA

"*Ele me feriu, ela me traiu, ele me enganou*" — essas declarações são fotografias do que pode ter acontecido em algum momento. Ao apegar-se a essa história, repetindo-a e revivendo-a, transformamos o que aconteceu em apenas um segmento de nossa vida na história completa da nossa vida. Naturalmente, é essencial lembrar injustiças graves que tenham sido cometidas contra indivíduos, populações ou nações inteiras, para que se possa evitar que essas afrontas se repitam. O filósofo George Santayana escreveu: "Quem não consegue lembrar o passado está condenado a repeti-lo." Apesar disso, a história do que me aconteceu ou do que você fez a alguém em certa ocasião não precisa se tornar a história da sua vida. Você tem o poder de criar uma nova história. O que aconteceu não precisa fechar as portas de seu coração e desligar sua capacidade de dar e receber — a menos que você insista nisso.

O que os outros dizem ou fazem só pode continuar a limitá-lo se você carregar as lembranças dessas ações como um perpétuo saco de pedras inúteis pendurado nas costas. Como é libertador poder se livrar da carga e seguir adiante! Como fica possível viajar mais depressa e ir mais longe! Sem essa carga, talvez você possa até voar.

No fim das contas, o perdão é outra forma de nos reverenciarmos. Ao perdoar, afirmamos que somos maiores do que aquilo que os outros pensam de nós ou nos fazem. Por mais desafiador que isso possa ser, também afirmaremos que aqueles que cometem atos prejudiciais também podem ser maiores do que suas ações. Eles talvez ainda não saibam disso, mas se os perdoarmos com compaixão podemos ajudá-los a ver essa realidade.

MITO:

Se eu perdoar, estarei me espoliando e desonrando.

MÁGICA:

Ao perdoar, eu me trato com respeito. Estou afirmando que sou maior que o que pensam de mim ou do que me fazem.

Dessa forma, a oportunidade de perdoar não passa disso — uma oportunidade maravilhosa *para nós*. Você vai deixar que o comportamento imaturo dos outros o defina hoje e para sempre? Você vai permitir que aquele incidente defina para sempre a pessoa que o feriu? Você vai decidir continuar carregando aquele peso, ou vai arriar o fardo, reverenciar o final e se permitir voar?

O POÇO NO DESERTO

Além de todos os mitos que examinamos neste capítulo, ainda outra dinâmica pode estar presente na essência do nosso sofrimento: nós nos culparmos. Assim, voltamos à síndrome discutida no Capítulo 8 — o apego à falsa ideia de que, se algo doloroso nos acontece, fizemos alguma coisa errada.

Como crianças que se sentem culpadas quando os pais discutem, se separam ou os abandonam, para ver sentido no que aconteceu talvez atribuamos toda a culpa a nós mesmos. "Como pude deixar isso acontecer? O que está errado comigo? Como pude permitir que isso durasse tanto?" Talvez você pudesse ter evitado que aquilo acontecesse; no entanto, para se valorizar, você precisa ver a situação como parte de sua própria curva de aprendizagem nas aulas adiantadas da vida. Mesmo os tempos mais dolorosos e estéreis contêm uma lição ou presente para nós. Em vez de sentir que precisa responsabilizar a si mesmo ou aos outros pelos tempos difíceis, experimente procurar a dádiva. Tal como o principezinho na linda fábula *O pequeno príncipe*, de Antoine de Saint-Exupéry, você pode dizer a si mesmo: "A beleza do deserto está no fato de que em algum lugar ele esconde um poço."

Nos momentos áridos da vida, para mim foi de grande ajuda procurar o poço. Quando percebo minha cabeça repetindo o velho refrão "O que está errado comigo?", procuro perguntar: "O que aprendi sobre mim mesma e o que aprendi sobre o funcionamento da vida?" Estas perguntas são muito mais construtivas. As respostas assumem diferentes formas: "Posso procurar orientação dentro de mim mesma, em vez de achar que os outros sabem mais do que eu." "Lembre-se de pensar antes de dizer sim." "Posso encontrar uma maneira de fazer isso sem ferir os outros." "Minhas melhores decisões são tomadas quando confio em meus sentimentos." "Da próxima vez, vou parar de me fixar no passado, vou extrair a lição e seguir adiante mais depressa." Embora as lições tenham variado ao longo dos anos, em todos os casos elas me levam de volta ao mesmo tema colossal: *O que posso fazer para me reverenciar de modo a poder dar minhas dádivas aos outros?* E com extraordinária consistência elas me lembram de que para fazer isso é preciso deixar de lado a culpa e o arrependimento. Ao me livrar do fardo, fico livre para voar.

CHAVES PARA ALCANÇAR O EQUILÍBRIO

Abandonar a culpa

Alguma coisa em sua vida acabou e você nunca aceitou isso porque ainda culpa a si mesmo e aos outros? Os arrependimentos são um sinal de que alguma parte de nós ainda caminha no passado e de que estamos operando no presente com menos do que 100% de energia. Dar adeus à situação e recuperar toda a energia é um processo gradual, que pode ser difícil. No entanto, tentar avançar pelo resto da sua vida acorrentado ao peso morto do passado é muito mais difícil. As ferramentas a seguir podem ajudá-lo a começar a honrar os finais em sua vida de modo a receber bem os novos começos que eles sempre trazem. Você também pode usar essas ferramentas sempre que surgir uma nova situação em que fique ferido, ressentido ou zangado.

- **Descubra os arrependimentos ocultos.** Às vezes, não estamos conscientes de que ainda guardamos arrependimentos que são um fardo para nós. Você pode usar as seguintes perguntas para identificar arrependimentos ocultos que podem estar minando sua energia: *Que incidentes do passado ainda me voltam à mente de vez em quando, fazendo com que eu me sinta* *zangado, ressentido ou infeliz? Sinto que sou uma vítima? Eu deixei esse acontecimento definir toda a história da minha vida embora ainda tenha muito a viver? Secretamente, eu me acuso de permitir ou contribuir para o comportamento prejudicial de alguém?*

- **Despersonalizè.** Estudos mostram que a empatia e a despersonalização podem nos ajudar a seguir adiante mais depressa. Sentir empatia não é aprovar o comportamento prejudicial de alguém; no entanto, colocar-se no lugar do outro pode ajudá-lo a se tornar mais objetivo e dessa forma lidar com o problema de maneira mais eficiente. Pergunte a si mesmo: *Embora não aprove o que aquela pessoa fez, sou capaz de ver o que a motivou a fazê-lo? Alguma vez estive numa situação comparável e reagi ou me senti tentado a reagir de forma semelhante?*

- **Busque a lição.** Todos já passamos por um final doloroso que mais tarde se revelou uma bênção. Talvez ele tenha dado espaço para você procurar algo melhor, tenha lhe dado uma valiosa ferramenta ou tenha levado você a encontrar o trabalho de sua vida. Por mais desagradável que seja um incidente, existe uma dádiva dentro dele. Pergunte: *Qual é a percepção, informação ou lição valiosa que devo extrair dessa experiência? O que aprendi a meu respeito ou a respeito dos outros envolvidos? No futuro, como vou aplicar o que aprendi?*

- **Aja para poder seguir adiante.** Se você se arrepende de algo que fez no passado, não precisa deixar que esses acontecimentos constantemente retornem à sua mente, sobrecarregando-o. Em vez disso, tome providências para promover um encerramento. Encontre a pessoa que você feriu e peça desculpas, mesmo que aquilo tenha acontecido há muitos anos. Reponha alguma coisa que tenha sido perdida ou destruída como resultado de suas ações. Assuma uma tarefa séria que pelo menos comece a compensar o que você fez (faça trabalho voluntário, ajude um vizinho idoso em suas tarefas domésticas, ensine uma criança a ler, trabalhe numa cozinha de sopa para os pobres). Em vez de deixar os arrependimentos do passado o infernizarem, ser proativo o ajudará a encerrar aquele capítulo e seguir adiante.

- **Crie seu próprio ritual de libertação.** Fazer alguma coisa concreta para marcar um final pode ajudá-lo a libertar-se daquilo de uma vez por todas. Há muitas formas de fazer isso. Ao longo dos anos descobri que um ritual útil é escrever uma carta para Deus (usando o nome que você prefira para se dirigir ao Espírito Criativo do universo). Você pode despejar seus sentimentos no papel ou pedir ajuda para esquecer e encontrar a paz. Você pode dizer que está entregando a situação a Deus e abrindo mão de sua ligação com todos os envolvidos. Então, queime a carta num lugar seguro, com uma prece de entrega. Você também pode pedir que o que escreveu seja levado como uma mensagem ao íntimo dos indivíduos que fizeram parte da situação. Enquanto o fogo consome o papel, visualize e sinta as lembranças e fardos serem consumidos pelas chamas. Outro ritual eficaz é segurar um objeto como uma pedra ou uma concha especial e visualizar seus sentimentos sobre o incidente sendo transferidos para o objeto. Então, enquanto faz uma afirmação ou prece, jogue o objeto no mar ou na encosta de uma montanha. Seja o que for que escolha fazer, crie um ritual de libertação que seja significativo — que o ajude a reverenciar o final e se libertar.

PARTE 4

VALORIZE-SE *e* VALORIZE A SUA VOZ PRÓPRIA

Não desista de si mesmo; nunca imite [...] Faça o que deve fazer e não espere demais, nem ouse demais.

— Ralph Waldo Emerson

Num mundo que nos apresenta mais vozes e escolhas do que nunca, não é fácil valorizar a própria voz e as próprias escolhas. Para isso precisamos resistir à corrente que nos arrasta para seguir a multidão. E para resistir precisamos aprender a honrar quem somos. Embora a vida nos forneça mentores e modelos para nos guiar pelo caminho, no fim de tudo precisamos nos distanciar de todos eles. O caminho deles pode não ser o nosso caminho e o destino final deles pode não ser o nosso. Os sábios dizem que nosso papel não é nos tornarmos os nossos professores, pais, amigos ou conselheiros, mas nos tornarmos nós mesmos. Muitas vezes, a parte mais difícil dessa equação é aprendermos a confiar no processo, saborear os momentos e nos apaixonarmos por quem somos.

CAPÍTULO 12

SUA SONORIDADE INATA

Tudo na vida tem um propósito; para toda doença há uma erva medicinal e todo indivíduo tem uma missão.
— MOURNING DOVE (CHRISTINE QUINTASKET)

"*Não há nada de novo sob o sol.*" Mito ou mágica?

Um estudante do zen-budismo certa vez disse a seu mestre: "A luz do Buda ilumina o mundo inteiro." Antes mesmo que ele terminasse a frase, o mestre interrompeu: "Você está recitando um poema de outra pessoa, não está?" Quando o estudante respondeu que sim, o mestre advertiu: "Nesse caso, você está fugindo do assunto."

Não podemos evitar perder de vista o que interessa quando decidimos não expressar nossa própria voz e quando nos sentimos em casa com a mesmice e o conformismo — esses dois inimigos da alma. Em seu importante ensaio intitulado "Self-Reliance", Ralph

Waldo Emerson louva as virtudes opostas: a *inconstância* e o *inconformismo*. Ele pergunta: "Por que teríamos que manter a cabeça no lugar? Uma coerência estúpida é o fantasma que assombra as mentes limitadas [...] Uma grande alma simplesmente não tem nada a ver com a coerência. É como se preocupar com a própria sombra na parede." Quando começamos a brincar com o inconformismo e a incoerência — forçando-nos a experimentar o incomum e autorizando-nos a pensar de forma diferente do que pensávamos há dez minutos —, devagar, mas seguramente, nossa própria voz emergirá.

Você possui uma opinião própria e tem alguma coisa só sua a dizer. Quanto a isso, você e eu somos um pouco como os pinguins, essas criaturas exuberantes que parecem conformistas, todos vestidos com idênticos smokings preto e branco. No entanto, no que mais importa, eles são tudo, menos idênticos. Cada pinguim nasce com uma "voz" própria, que o distingue dos outros. Essa individualidade pode ser observada quando criam seus recém-nascidos. Depois de botar o ovo, a mãe o confia ao pai e faz uma longa viagem até o mar para se alimentar, de modo a poder voltar e nutrir o recém-nascido. Enquanto isso, o papel do pai é manter o ovo aquecido num ambiente cujas temperaturas chegam perto de 60°C negativos. Quando o filhote sai do ovo, o pai continua a protegê-lo enquanto espera a mãe voltar do mar, uns dois meses depois.

Nos meses seguintes, os pais se alternam a caminho do mar para comer e trazer alimento para o filhote. Toda vez que os pais retornam de sua difícil viagem, o viveiro gelado se assemelha a um vasto oceano de sósias preto e branco. Como a mãe ou o pai nutridos sabem qual dos pinguins é seu companheiro e qual dos bebês peludos é seu filho? Essas aves têm um chamado exclusivo, ou vocalização, além de um sistema interno de reconhecimento que lhes permite identificar um ao outro e responder ao chamado dos filhotes. Da mesma forma, cada um de nós possui uma "voz" única, passível de ser reconhecida por aqueles que nos criam e por aqueles a quem devemos criar.

ALGUÉM PRECISA OUVI-LO

A afirmativa de que você, tal como flocos de neve ou pinguins, é uma criatura única pode parecer clichê. No entanto, você já pensou nas implicações dessa criatividade cósmica? Pode apostar que existe um bom motivo para você ser dotado de alguma característica exclusiva — alguém precisa receber esse seu dom. Se você não fizer sua voz ser ouvida, os que estão famintos por receber o que você tem a dar não poderão reconhecê-lo. A natureza trabalha dessa forma, e é assim que nós funcionamos. Cabe a você valorizar sua voz e compartilhá-la com aqueles que precisam ouvi-la, sem se incomodar com a opinião de quem não quer escutá-la.

Talvez você tenha hesitado em fazer isso por achar que não é especial. Talvez você não acredite que possui um dom, talento ou habilidade digna de valorização. Isso é um mito. Todos temos uma dádiva a conceder. Mesmo que você não conheça a sua, isso não quer dizer que não a tenha; apenas ainda não a descobriu.

MITO:

Não sou especial.

MÁGICA:

Tenho uma dádiva especial que alguém precisa receber e uma voz única que alguém precisa ouvir.

Talvez você tenha comprado o mito de que não é especial porque aceitou outra ideia falsa — o mito de que é preciso ter um Q.I. alto, uma habilidade profissional madura ou uma realização aclamada para se qualificar como "dotado". Alguns de nós acreditam subconscientemente que nossa capacidade de dar, portanto, também nosso direito a receber, são definidos pelas letras que vêm antes do nosso nome. No entanto, os títulos que os outros nos atribuem, positivos ou negativos, nunca expressam a essência do que somos.

Essa questão é ilustrada na peça *Peer Gynt*, de Henrik Ibsen, em um belo tributo a um camponês muito esforçado. No obituário, diante do túmulo do camponês, um padre relata o sofrimento mudo e o desdém sofrido pelo camponês durante toda a vida porque seus concidadãos acreditavam que, quando jovem, ele tinha cortado o próprio dedo para escapar do serviço militar. Nas palavras do padre, o camponês não era rico nem sábio e "tinha a voz fraca e a aparência pouco máscula". No entanto, o coração daquele homem era bom e sua vida foi de supremo sacrifício em prol da família, embora mais tarde ele tenha sido esquecido pelos três filhos que se tornaram prósperos cavalheiros.

Elogiando o respeito próprio desse homem humilde, o padre prossegue: "Não era patriota. Foi uma árvore sem frutos tanto para a Igreja quanto para o Estado. No entanto, ali, no alto do morro, no pequeno círculo onde situou seu chamado, era grande, porque era ele mesmo. Seu som inato manteve-se puro até o fim."[1] Quando fazemos soar dentro de nosso círculo de influência nossa verdadeira nota, por mais fraca que ela pareça, essa será a nossa maior contribuição para o mundo.

MITO:

Para dar uma real contribuição à sociedade preciso ter títulos antes do meu nome ou uma carreira ou habilidade valorizada.

MÁGICA:

Os títulos que me são atribuídos não determinam meu verdadeiro valor. Dou minha maior contribuição à vida quando sou eu mesmo.

Qual é o seu som inato? Uma vez conheci uma mulher na sala de espera de um médico e começamos a conversar. Ela era tão otimista que não pude deixar de comentar esse maravilhoso aspecto de sua personalidade. Quando fiz isso, o grande sorriso dela ficou ainda maior e ela declarou que aquela qualidade de otimismo definia o propósito da vida dela. Ela se inclinou em minha direção e sussurrou animadamente: "Acredito que meu papel é alegrar todo mundo ao meu redor. Chego ao trabalho pela manhã e procuro deixar um pouco mais feliz todo mundo que entra pela porta do escritório." Fiquei impressionada com a simplicidade dela. Ela não estava sendo egocêntrica ou orgulhosa. Simplesmente, sabia quem era e por que estava aqui. Ela tinha encontrado a própria voz.

Aquela mulher sabia que não precisava de uma lista de títulos para ter valor. Por outro lado, já participei de reuniões em que algumas mulheres claramente se depreciavam porque eram "apenas donas de casa", sem um currículo sofisticado ou uma lista de títulos antes do nome. No entanto, essas mulheres exalam doçura e poder. Elas são sensíveis e fortes. Embora não enxerguem isso, é muito claro que estão causando um grande impacto no mundo *pelo que são*. O que são, inevitavelmente, influencia os filhos que criam com amor e que por sua vez influenciam e servem de exemplo para muitos outros, numa esfera de influência cada vez mais ampla.

Quem sou é sempre mais importante do que o título que descreve o que faço. Teresa de Ávila, a mística espanhola do século XVI, expressou essa verdade quando escreveu que Deus "valoriza menos a importância do nosso trabalho e mais o amor com que ele é realizado".[2] Outra Teresa, mais recente, a madre Teresa de Calcutá, é famosa por ter dito que o mais importante não são as oportunidades de fazer "grandes coisas", mas as de fazer "pequenas coisas com muito amor".

No mundo de hoje, porém, tendemos a definir quem somos não pelas "pequenas coisas" que expressam nosso som inato, mas pelo tipo de trabalho que realizamos ou por nossa lista de credenciais (ou pela falta delas). Além disso, também medimos nosso valor pelo número de itens que conseguimos riscar em nossa lista de afazeres. Quando vamos a uma festa ou somos apresentados a alguém, é comum perguntarmos "O que você *faz*?". A carreira ou o trabalho podem muito bem ser o veículo que utilizamos para expressar nossa razão de ser, o palco no qual compartilhamos nossas dádivas. E também podem não ser. Em qualquer um dos casos, o que fazemos nunca é a totalidade do que somos.

Não importa o que "fazemos", um dia todos teremos que responder a uma pergunta que, como um koan zen, nos obriga a transcender as imagens que formamos de nós mesmos e contemplar o que realmente dá significado à nossa vida: *Quando não temos mais nada a fazer, quem somos?*

HOJE, NÃO ALGUM DIA

Podemos passar tanto tempo fazendo ou planejando fazer coisas, e construindo o caminho em direção ao que queremos ser algum dia, que acabamos por esquecer o "ser". No processo de nos tornarmos o que seremos, esquecemo-nos de valorizar o que somos agora. É difícil valorizar quem somos neste momento, se vemos o agora como um ponto no meio de uma corrida para a linha de chegada — a linha que vemos à distância, mas que nunca parece ficar mais próxima, por mais longe e mais rápido que avancemos. Nossa cultura tende a medir o sucesso nos termos dessa ilusória linha de chegada. Muitos dos atuais gurus de autoajuda também defendem a ideia de que devemos nos focalizar no futuro, concentrando-nos em quem desejamos nos tornar, para atrair o que estamos visualizando.

Os sábios, cujos conhecimentos sobreviveram aos altos e baixos e aos modismos do tempo, indicam outra direção. Eles nos dizem que ter em mente uma visão da meta é apenas metade da história. É apenas uma das peças de mais um paradoxo. Os passos que damos ao longo do caminho são tão importantes quanto essa visão geral, se não forem mais importantes. Nossas escolhas e ações de cada momento são os fios com que é tecida a tapeçaria que, terminada, contará a história de nossa vida.

O ato de procurar encontrar o sentido da vida nas partes que compõem o todo foi sugerido pelo Dr. Viktor Frankl, um psiquiatra que sobreviveu aos horrores dos campos de extermínio nazistas e posteriormente criou sua própria abordagem à psiquiatria. Em sua obra seminal, *Em busca de sentido*, Frankl explica que devemos pensar na vida como um filme que consiste de milhares e milhares de imagens, cada uma delas contendo um significado. Para compreender o filme é preciso levar em conta cada uma dessas imagens individuais. Ele nos estimula a lidar com nossa vida dessa maneira — focalizando-nos no sentido que está "inerente e latente em todas as situações individuais" que enfrentamos. Segundo ele, o sentido da vida não só difere de uma pessoa para outra, mas também "de um dia para outro e de uma hora para outra. O que importa, portanto, não é o significado da vida em geral, mas o significado específico da vida do indivíduo em determinado momento".[3]

Embora os componentes de nossa vida possam parecer insignificantes, no esquema global eles são da maior relevância. Em outras palavras, podemos dizer que em última análise a resposta para a pergunta "Qual é o significado da minha vida?" será encontrada na resposta a outra pergunta: "Que escolha estou fazendo neste momento?"

Essa visão da vida é libertadora, principalmente para aqueles de nós que nos vemos eternamente acelerando em direção a uma linha de chegada. Ela nos convida a redirecionar a atenção para as oportunidades imediatamente à nossa frente. Ela reduz a ansiedade que pode nos dominar quando nos fixamos em um futuro que parece assustador ou inatingível ou numa meta que não temos certeza de desejar. Receber um momento de cada vez nos deixa livres para viver plenamente, mergulhando em cada instante e compartilhando o que pode haver de melhor naquele momento. Podemos dizer que a vida é uma série de escolhas que fazemos agora. Portanto, fazer soar seu som inato não é algo que você fará *algum dia*, quando tiver bastante escolaridade, capacitação, dinheiro, o trabalho correto ou uma plateia bastante grande. Ofertar suas dádivas é algo que você deve fazer *agora*, a cada momento.

A VISÃO GERAL E O MOMENTO PRESENTE

O estilo de vida moderno, com os meios de comunicação que cruzam o globo em um instante, nos faz passar tão depressa de um compromisso ou atividade para o próximo que é preciso um esforço deliberado para permanecermos ancorados no momento presente. Naturalmente, focalizar-se no agora não implica jamais fazer planos ou estabelecer metas para o futuro. Tudo isso é importante. No entanto, se passarmos todo o tempo contemplando o futuro distante poderemos facilmente perder o que cada momento tem para nos oferecer e o que temos para oferecer a cada momento.

MITO:

O mais importante a fazer é manter o olhar nas metas de longo prazo.

MÁGICA:

O momento presente é tão importante quanto o todo. O que opto por fazer neste momento é o que dá significado e movimento à minha vida.

Para diminuir o ritmo e saborear o momento, precisamos estar dispostos a confiar. Temos que acreditar que as oportunidades diante de nós no momento são como as pinceladas de um artista magistral; cada pincelada contribui para a obra-prima, mesmo que ainda não possamos ver seu papel como parte do todo. À medida que concretizamos as partes no presente, mais da imagem global será revelada.

Apreciar a beleza do agora também requer parar de passar correndo pelos momentos enquanto se acelera em direção à linha de chegada. Sentar-se tranquilamente; apreciar a *qualidade* de cada momento em vez de contemplar a *quantidade* de sensações que conseguimos empilhar dentro dele. Parafraseando uma analogia de Thomas Merton, escritor e monge trapista do século XX, alguns de nós passam pela vida como se estivessem visitando um museu com um folheto nas mãos, correndo para ver todos os pontos altos antes que a visita seja encerrada. Quando fazemos isso, saímos menos vivos do que quando entramos, diz Merton, porque "olhamos para tudo e não vimos nada".[4]

Para dar um exemplo concreto: se fixarmos o olhar apenas numa meta distante como o final de um projeto ou uma promoção no trabalho, podemos deixar de perceber aqueles que estão diante de nós e precisam de nosso amor. Podemos passar por cima de tudo o que está no caminho de nossa meta. Que satisfação encontraremos ao atingir finalmente a linha de chegada apenas para olhar para trás e ver o caminho sulcado dos feridos com os quais esbarramos, a quem empurramos para o lado ou simplesmente abandonamos? Como ser bem-sucedidos se após anos de contínua tensão entrarmos em colapso e não tivermos forças para desfrutar o resultado pelo qual trabalhamos tanto?

Uma vida como essa é "meia-vida". É como se usássemos óculos com lentes muito fortes para visão à distância. Podemos ver com perfeição os objetos que estão longe, mas tudo que está perto não passa de um borrão. Naturalmente, a síndrome oposta também é uma "meia-vida": sofrer de uma miopia que só permite ver o que acontece imediatamente à nossa frente, sem um pensamento ou planejamento para o futuro e sem pensar nas consequências de nossas ações.

Focalizar a visão global de nossas metas de longo prazo *e* permanecer alerta para o que acontece agora mesmo é um paradoxo que nos convida a dançar num ritmo diferente à medida que nos movemos através de nossos dias. E isso nos leva a propor novos tipos de perguntas como: *O que posso dar agora*? (e não somente o que planejo realizar algum dia), *Neste momento, o que tenho chance de aprender, dar ou receber*? (em vez de como posso influenciar ou usar o que está acontecendo em meu benefício para avançar), *O que posso experimentar e saborear neste momento*? (em vez de quantos telefonemas, projetos ou tarefas posso remover hoje da minha lista de afazeres), *Que tipo de pessoa quero ser*? (e não somente o que quero fazer).

Como todos os paradoxos, trabalhar para obter metas de longo alcance e não perder o contato com o momento presente não são ações mutuamente exclusivas. Uma não diminui a outra. Em vez disso, elas operam em sinergia para nos ajudar a expressar ao máximo nosso som inato. Elas são duas partes de um todo que, quando passa por um ajuste fino, pode criar a mágica de uma vida plenamente vivida. E isso acontece porque é mais fácil alcançar as metas de longo prazo quando reservamos tempo para nos reverenciarmos ficando acessíveis ao momento presente.

Vejamos essa história de dois buscadores espirituais que fizeram uma caminhada para visitar o mestre em sua casa no alto de uma montanha nos Himalaias. A história deles não é tão diferente da nossa quando escalamos as nossas próprias montanhas na vida. Enquanto subiam por uma trilha íngreme da montanha, um deles parava para desfrutar da vista e da beleza das flores silvestres que cresciam ao longo do caminho. Isso irritava o companheiro, que estava com pressa de chegar ao destino. Por fim, eles chegaram ao topo da montanha e se sentaram aos pés do mestre, absorvendo suas sábias palavras. Mais tarde, começaram a longa caminhada de volta ao lar. Quando chegaram, sentaram-se junto ao fogo para descansar e começaram a relembrar os conhecimentos repassados pelo mestre. O fato é que aquele que parou para desfrutar das flores e da paisagem lembrava mais das instruções preciosas do mestre que o companheiro que havia despendido tanto suor e energia no afã de chegar ao cume da montanha. Qual dos dois alcançou a meta mais depressa?

CAPÍTULO 13

CAMINHE *com* OS PRÓPRIOS PÉS *e* NO PRÓPRIO RITMO

Eu sou absolutamente único, eu sou eu, sou incomparável. O peso total do universo não consegue esmagar minha individualidade.

— Rabindranath Tagore

O mestre sufi Nasrudin certa vez parou em uma loja e perguntou ao proprietário se ele tinha algum couro. O vendedor respondeu que sim e Nasrudin perguntou: "E pregos?", "Sim", foi a resposta do vendedor. "E você tem corantes?", insistiu o sábio. Pela terceira vez o homem respondeu que sim. "Nesse caso", perguntou Nasrudin, "por que você não faz um par de botas para si mesmo?"

Os escritos dos sufis, os místicos islâmicos, mostram o mestre Nasrudin (como tantos outros professores) fazendo papel de tolo para nos mostrar o que deveria ser óbvio, mas não é. No caso presente,

Nasrudin tenta nos despertar para uma importante verdade: nós já temos dentro de nós o equipamento de que precisamos para ir longe no caminho da vida. Só precisamos reunir as peças da forma mais adequada para nós. Ninguém pode criar nossa vida ou expressar nosso espírito criativo por nós.

O ato de viver nunca é uma fórmula universal. Ele não foi feito para ser mecânico e nós não fomos feitos para ser passivos. Nosso papel é criar as próprias fórmulas de autodescobrimento e expressão, pois as respostas e até mesmo as perguntas nunca são as mesmas para qualquer par de indivíduos.

Em última análise, a vida pede que aceitemos o papel principal em nossa existência. No entanto, é muito fácil nos acomodarmos no papel de observadores, deixando que outros nos digam como agir, comer, vestir, comprar, rezar e até mesmo ser felizes. O sentimento profundamente enraizado de que dependemos de algo externo para dirigir nossa trajetória é um dos principais temas, não só de nosso tempo, mas de todos os tempos. Os luminares de todas as épocas lutaram por nos arrancar dessa complacência. Eles nos aconselham a não seguir cegamente o que ouvimos, mas testá-lo. Aplique esse conselho à sua vida. Experimente. Sua vida é seu laboratório. Nada substitui a experiência direta.

Há milhares de anos, por exemplo, Buda lembrou a seus discípulos que o progresso individual e o sucesso da comunidade não dependiam dele. Quando estava para morrer, disse aos seguidores: "Sede lâmpadas para vós mesmos [...] Não busqueis refúgio em ninguém, senão em vós próprios." Esse conceito não é só oriental; ele é universal.

Um texto do cristianismo primitivo, provavelmente escrito no final do segundo século, reitera as palavras do Buda ao aconselhar: "Acenda sua luz interior. Não deixe que ela se extinga! [...] Bata em si mesmo como se bate numa porta e caminhe sobre si mesmo como se caminha na estrada reta. Pois se caminharmos pela estrada, será impossível nos perdermos."[1] Antes disso, Jesus deixou a mensagem de que devemos procurar pelas respostas dentro de nós, quando afirmou que o Reino de Deus está dentro *e* fora de nós.[2] Outro texto cita as palavras de Jesus: "Se você manifestar o que está em seu interior, o que você tem o salvará."[3]

Da mesma forma, o renomado filósofo muçulmano Abu Hamid al-Ghazali ensinou a importância de nos apoiarmos em nós mesmos quando escreveu: "Nada está mais perto de você do que você mesmo, e se você não se conhecer, como poderá conhecer qualquer outra coisa?"[4] Mais recentemente, Mohandas Gandhi afirmou, de forma simples: "O único tirano que aceito neste mundo é a 'pequenina voz silenciosa' dentro de mim." Estes e muitos outros ensinamentos dos sábios do mundo apontam para a verdade de que a felicidade e o progresso espiritual são resultado de escolhas que nós fazemos e não das escolhas que fazem por nós.

MITO:

Posso fazer as mesmas escolhas e optar pelos mesmos passos que deram certo para os outros.

MÁGICA:

Valorizo meus mentores, mas também faço minhas próprias perguntas, busco minhas próprias respostas e moldo minha própria vida.

Talvez você esteja pensando que autossuficiência é muito bom, mas também precisamos da ajuda daqueles que podem nos colocar sob as asas e nos mostrar o caminho — não é isso o que sábios devem fazer? Tudo isso é verdade, e esse é exatamente o paradoxo em jogo aqui. Precisamos de instrutores e mentores, os quais se revelam em formas e aparências diversas (como vimos parcialmente no Capítulo 4). Como observou sem meias-palavras o místico sufi Rumi: "Quem viaja sem guia precisa de duzentos anos para fazer uma jornada de dois dias."

Não faz diferença se você é uma candidata a bailarina, um mago das finanças, uma mãe de primeira viagem ou um buscador espiritual, você precisa de um guia que tenha passado por ali antes e possa mostrar o caminho — *e* você precisa confiar em si mesmo. Os sábios nos aconselham a procurar a orientação dos iluminados, mas perceber que o papel deles é conduzir-nos ao encontro do sábio em nosso interior. Seus mentores devem inspirá-lo a buscar em seu coração, descobrir seus pontos fortes e se tornar sua própria versão de grandeza. Tal como Nasrudin, os melhores professores mostraram o couro, os pregos e o pigmento em sua oficina. Eles mostraram o que precisa ser feito. Mas esperaram que você fizesse as próprias botas. O professor é o ponto de partida; você precisa fazer o resto.

VALORIZE SEU PRÓPRIO ESTILO

Para se desenvolver e prodigalizar seus dons você precisa reverenciar quem *você* é e festejar sua própria voz. Depender inteiramente de terceiros é como fazer uma longa caminhada com um calçado emprestado. Se alguma vez você fez uma caminhada usando os sapatos de alguém ou com sapatos novos mal-ajustados, você sabe o que quero dizer. Se o calçado for até mesmo um pouco grande ou pequeno, você não sentirá conforto. Se caminhar bastante nessas condições, formará bolhas. Por fim, a dor será tanta que você não conseguirá continuar. Isso é o que acontece quando tentamos nos encaixar em um molde que não é o nosso. A solução: *caminhar no próprio ritmo e com os próprios sapatos.*

Reconheço que tenho sido um pouco recalcitrante nesse aspecto, portanto, a vida generosamente me deu muitas lições para me ensinar a confiar em mim e ser eu mesma. Uma lição extraordinária aconteceu numa paisagem também extraordinária. Estava fazendo uma caminhada com duas amigas na magnífica região de Teton Range, perto de Jackson Hole, em Wyoming. As duas eram mais altas do que eu e caminhavam em passo acelerado, avançando mais depressa do que eu conseguia. Na ocasião, não pensei no fato de que a natureza tinha dotado aquelas duas mulheres de longas pernas que podiam escalar a trilha íngreme com a facilidade de cabritos-monteses. Em vez disso, eu me culpava por não ser capaz de acompanhá-las. "Alguma coisa está errada comigo", pensei. "Devo estar mesmo fora de forma. Se me esforçar um pouco mais, posso acompanhá-las." E foi isso o que fiz: esforcei-me cada vez mais. Minha estratégia funcionou, mas no meio da caminhada senti as consequências. Sem perceber, distendi um músculo do quadril. A dor que senti foi suportável até começarmos a descer a montanha. Naquele momento, cada passo que dava era mais doloroso. Sentia tanta dor que não consegui suportar o peso de minha pequena mochila, e minhas amigas tiveram que carregá-la para mim. Para piorar, meu estômago ficou embrulhado e senti náuseas durante toda a volta para casa.

Não consigo lembrar muito da paisagem, dos odores e dos sons daquele dia. Só me lembro da dor. Perdi a capacidade de desfrutar da caminhada, ao tentar me enquadrar no ritmo de outra pessoa. Contudo, aprendi uma lição inestimável: *se não caminhar no próprio ritmo, você acabará por se machucar*. Ao longo dos anos, quando senti a tentação de agir de uma forma que não respeitasse meu próprio estilo, velocidade e destino, sempre me lembrei dessa experiência. Em alguns casos, gostaria de ter lembrado do episódio muito mais cedo. Poderia ter-me poupado da angústia de mais uma longa aula prática sobre autoconfiança.

QUE PAPEL VOCÊ VAI INTERPRETAR?

Quando caminhamos com os sapatos alheios, no ritmo alheio ou no caminho alheio, não estamos honrando nossa autenticidade. Quando não somos nós mesmos, não podemos sentir paz. Essa pode ser uma lição difícil para aqueles que se pegaram vivendo a vida que os pais, os cônjuges, os namorados ou namoradas, os modelos de comportamento, os patrões ou os sócios nos dizem que devemos viver, só para acordar um dia perguntando por que nos sentimos tão infelizes. Seguir o próprio caminho e ficar "em paz" não significa deixar de experimentar desafios, pois eles acontecerão. Como um técnico experiente e exigente, a vida sempre nos empurra para além dos limites atuais, de modo a podermos aumentar a capacidade de dar e receber. Quando assumirmos o compromisso de viver e nos doar à nossa própria maneira, os desafios que surgirem farão parte do nosso próprio projeto e não do projeto de outras pessoas.

No famoso diálogo entre o sábio Krishna e o príncipe guerreiro Arjuna, o antigo texto do Bhagavad Gita (literalmente, "A canção do Senhor") analisa a instrução para se viver com autenticidade. O diálogo ocorre num campo de batalha em que Arjuna e os irmãos se preparam para retomar seu reino ancestral das mãos de usurpadores. Paradoxalmente, Krishna se oferece para ajudar os dois lados da disputa: ele cede seu exército para os inimigos de Arjuna, mas se coloca à disposição do príncipe no papel de cocheiro pessoal, protetor e conselheiro.

Quando a batalha está para começar, Arjuna observa o exército oponente. Ele vê, entre os guerreiros do inimigo, parentes e velhos amigos. Embora saiba que sua causa é justa, pensar no que precisa fazer lhe parte o coração. Cheio de dor e desespero, ele solta o arco e se deixa cair no chão da carruagem. Lá, no meio do campo de batalha, posicionado entre os dois exércitos em prontidão, Krishna explica a Arjuna com grande eloquência que o príncipe nasceu para ser guerreiro. É essa sua missão, e ele precisa lutar.

Embora a batalha no Bhagavad Gita possa realmente ter acontecido, ela também é simbólica da luta que todos enfrentamos: a luta pelo governo de nosso próprio reino interior, pelo controle da própria vida e por viver fiéis a nossa natureza interior. Krishna diz a Arjuna que o verdadeiro campo de batalha está dentro de nós. O que precisamos matar são as dúvidas e o desejo egoísta. Ele diz ao guerreiro que faça o que nasceu para fazer no campo da vida — não por cobiça, ódio, egoísmo ou desejo de ganhos pessoais. Que o faça por amor, com desprendimento, sem apego e para o bem de todos;

dessa forma ele alcançará a paz. Krishna ordena ao guerreiro hesitante: "Cumpre teu dever, mesmo que ele seja humilde (ou imperfeito), em vez de buscar cumprir o dever dos outros, mesmo que grandioso. Morrer no próprio destino é viver: viver no destino alheio é a morte."[5]

Essas são palavras poderosas, destinadas a ressoar pelos séculos e mandar uma mensagem clara a quem quiser ouvir. Por mais de 2 mil anos o Bhagavad Gita inspirou milhões que identificaram nos desafios de Arjuna os próprios desafios e que ouviram no Gita uma convocação para que sejam eles mesmos. De uma maneira ou de outra, todos teremos que responder às perguntas propostas por Krishna a Arjuna: vou seguir meu próprio chamado ou seguir um caminho mais fácil? Vou escolher meu trabalho somente porque me trará reconhecimento e recompensas ou vou escolher um trabalho que me ajude a distribuir as dádivas que nasci para dar? Se tiver dúvidas ou medo, vou fugir à luta ou me armar de coragem para agir?

RESISTIR À PRESSÃO DA "TURBA"

Viver como seu autêntico eu sempre implica uma tarefa adicional: resistir à pressão para se alinhar à massa. Ralph Waldo Emerson foi um grande defensor dessa causa. Seu grito de batalha é "Confia em ti mesmo: todo coração vibra de acordo com essa corda férrea". Emerson desprezava a tendência a ceder à vontade das massas. "Agora somos uma turba", lamentou ele, acrescentando que é difícil ser fiel a si mesmo "porque sempre encontraremos aqueles que julgam saber mais do que nós qual é o nosso dever". Ele assinalou que o maior desafio não é ser fiel a si mesmo quando se está sozinho; isso é fácil. O indivíduo verdadeiramente formidável é aquele que "no meio da multidão" pode manter-se independente "com perfeita benevolência".[6.]

A única maneira de sobreviver ao impulso da "turba" é pensar por si mesmo e ser honesto sobre o que pensa. Emerson sugere que diante da "ralé invasora" ou mesmo diante da família ou dos amigos que querem nos impor suas crenças e expectativas optemos por afirmar com humildade, porém com franqueza, uma verdade que nos honra: "De agora em diante pertenço à verdade. [...] Abro mão de adotar seus costumes. Tenho que ser eu mesmo." Por fim, ele diz: "Só nós mesmos podemos nos dar a paz."

A grande pressão para nos conformarmos com o que acontece ao nosso redor é levada ao extremo por Woody Allen em *Zelig*, um de seus filmes mais criativos. Conformar-se é, literalmente, "formar-se com" — adotar a mesma forma de outra pessoa; Zelig é um homem que tem a incrível capacidade de fazer exatamente isso. Se está com um grupo de obesos, ele automaticamente se torna obeso. Se está com um grupo de médicos, torna-se um médico. Ele tem uma necessidade tão extrema de se ajustar ao ambiente que, como um camaleão, se transforma no tipo de pessoa com quem está. Acho que Emerson gostaria dessa sátira.

Hoje, com a influência poderosa da mídia, enfrentamos uma quantidade ainda maior de opiniões sobre quem devemos ser, como devemos agir e o que devemos pensar. A multidão é ainda maior e muito mais brilhante. No entanto, a multidão não apoia nossa liberdade de brilhar com a própria luz.

Ela jamais apoiará quem você é. Ela usará todo artifício possível para remodelá-lo de acordo com a própria imagem incolor. Uma de suas estratégias é atrair-nos para longe de nossas prioridades interiores, fazendo-nos concentrar a atenção em algo inteiramente fora de nós e que parece mais interessante e mais emocionante.

Nossa cultura das celebridades, com sua fixação nas "estrelas", dá força a essa tática diversionista. Basta ver a imensa popularidade de séries de televisão como o *American Idol* e programas similares em todo o mundo. Não me leve a mal: relaxar com um entretenimento de boa qualidade é essencial, além de ser saudável aplaudir os talentos e a grandeza dos outros. Olhar os modelos de comportamento pode nos dar o impulso e a inspiração para irmos mais além. Contudo, quando ficamos obcecados com os assuntos dos outros, só perdemos, porque investimos em um ídolo de estimação nossa preciosa energia e atenção em vez de investi-las em nós mesmos. Além disso, se estiver sempre cantarolando a canção de alguém, você não poderá cantar sua própria música.

O "'SE' MÁGICO" E OS ÍDOLOS

Por definição, um ídolo é um falso deus ou algo que adoramos cegamente ou em excesso. Em geral, temos como ídolo uma pessoa, mas podemos adotar muitos tipos de ídolos. Pode ser qualquer coisa que esteja fora de nós — pessoa, grupo, organização, bem material ou sistema de crenças — e à qual atribuímos o poder e a responsabilidade de nos fazer felizes. De acordo com essa definição, nossos ídolos podem ser a bala de prata, o paliativo ou o que chamo de "'se' mágico": *se pelo menos* eu vivesse num lugar onde o tempo está sempre bom; *Se pelo menos* meus filhos, pais ou parceiro se comportassem bem; *Se pelo menos* eu pudesse ter um pouco de paz e silêncio; *Se pelo menos* meu patrão desse valor ao meu trabalho; *Se pelo menos* esse problema de saúde desaparecesse; *Se pelo menos* um homem (ou mulher) maravilhoso aparecesse em minha vida; *Se pelo menos* eu ganhasse na loteria... então, minha vida seria perfeita e meus sonhos poderiam se realizar.

Se você estiver esperando que alguém apareça ou alguma coisa aconteça antes de dar o próximo passo, provavelmente tem um ídolo, e sua crença nesse ídolo o impede de avançar. Por quê? Simplesmente porque, como diz o ditado zen, "Se você procurar a verdade fora de si mesmo, ela ficará cada vez mais distante".

Poucos de nós vivemos sem ídolos ou sem um "'se' mágico". Eles estão de tal forma inseridos em nosso estilo de vida que podemos não perceber sua presença — e ver como são numerosos. Houve momentos em minha vida em que apelei para a procrastinação enquanto esperava que alguém ou alguma coisa criassem a situação ideal para que eu pudesse continuar a distribuir minhas dádivas. Aprendi que as coisas não funcionam assim. Precisamos descobrir uma forma de distribuir nossas dádivas mesmo que os indivíduos em nossa vida não façam o mesmo. Se descobrirmos que é impossível sermos nós mesmos na situação ou nos relacionamentos atuais, é hora de mudar essas condições e relacionamentos. O único poder real de nossos ídolos é o poder que atribuímos a eles, e esse poder é nosso. Quando resgatamos esse poder, libertamos nosso espírito.

MITO:

Alguém ou alguma coisa fora de mim pode me salvar e tornar minha vida perfeita.

MÁGICA:

Quando abro mão de ídolos, me liberto para expressar o espírito criativo dentro de mim.

Seja qual for a forma que adotem, os ídolos são uma distração perigosa. Quanto mais acreditarmos em seus poderes superiores, menos acreditaremos em nossos próprios poderes. Um famoso *koan* vai ao âmago dessa questão: "Se encontrar o Buda em seu caminho, mate-o."

Essa expressão é, ao mesmo tempo, paradoxal, chocante e desconcertante. Isso acontece porque um *koan* é feito para nos tirar das formas convencionais de pensamento. Essencialmente, esse nos diz: abandone seus ídolos. Não aceite cegamente algo como verdade porque saiu da boca de alguém que você admira ou reverencia. Abandone a ideia de que uma pessoa, perspectiva ou instituição específica vai saber automaticamente o que é melhor para você. Não deixe seu apego ao que está fora de você impedi-lo de buscar o que está dentro de você. Respeite o que os outros têm a oferecer, mas encontre a verdade por si mesmo. Experimente a resposta por si mesmo. Valorize a si mesmo.

CHAVES PARA ALCANÇAR O EQUILÍBRIO

Valorizar a própria voz

Você tem um dom especial que deve compartilhar com os outros, uma voz só sua que alguém precisa ouvir. Pare um instante e reflita sobre as propostas a seguir para ver o que pensa de seus dons e saber se está respeitando sua própria voz. Quando responder a essas perguntas, lembre-se de que você compartilha seus dons não só pelo que faz, mas também pelo que é.

- **Eu valorizo meus dons inigualáveis?** Que qualidades ou talentos especiais você possui e pode usar para ajudar outras pessoas: alegria, compaixão, paciência? Será a atenção aos detalhes ou a capacidade de congregar pessoas para realizar uma tarefa? Será seu talento como músico, curandeiro, professor, cozinheiro, pai, mãe ou treinador? Ou será o apoio que dá aos outros para que manifestem os próprios talentos? (Dica: se não souber o que o torna inigualável, pergunte-se: o que os outros dizem que apreciam em mim? Peça a um amigo íntimo, ao parceiro ou a um colega de trabalho para dizer francamente que qualidades aprecia mais em você.)

- **Eu reverencio meus pontos fortes?** Quase todos nós costumamos concentrar-nos nos próprios defeitos, em vez de aplaudir as qualidades positivas. Para ajudar-se a festejar quem você realmente é, guarde todos os cartões, e-mails e cartas que lhe enviaram para agradecer ou manifestar o que valorizam ou amam em você. Guarde outros troféus que o ajudem a não esquecer quais são os seus pontos fortes, suas realizações, e a alegria que você deu a alguém. Coloque esses documentos numa caixa ou pasta especial. Uma conhecida minha chama a isso o seu "arquivo do bem-estar". Quando estiver assoberbado ou perturbado, ou tiver se esquecido de sorrir por algum tempo, reveja essa coleção. Leia o conteúdo do arquivo para se lembrar de que você não é a tragédia ou o sofrimento que acontece ao seu redor.

■ **Estou esperando que algo exterior a mim torne tudo "perfeito"?** Todos desejamos que algo ou alguém entre em nossas vidas e, como uma fada madrinha, acene com a varinha mágica e torne tudo perfeito. Como os sábios sempre ensinam, o que dá sentido a nossa vida são nossos próprios pensamentos, ações e escolhas — e não as ações, pensamentos e escolhas de uma fada madrinha, um ídolo ou até mesmo um respeitado mentor. Pegue uma folha de papel e preencha a lacuna na frase a seguir com tudo o que conseguir pensar: "*Se pelo menos _____, eu poderia seguir adiante e ser feliz.*" Em seguida, a respeito de cada item da lista pergunte a si mesmo: "*O que posso fazer especificamente para criar a mudança pela qual espero?*" Ao responder a esta pergunta, não rejeite nenhuma ideia que surja. Não se limite. Seja criativo e ficará surpreso ao perceber quanto controle você tem sobre sua vida — se quiser assumi-lo.

■ **O que faz parte da minha lista de coisas a fazer?** Aquilo em que nos focalizamos se transforma em realidade. É por isso que criamos listas semanais ou diárias de coisas a fazer. Elas nos ajudam a manter o foco. Tão importante quanto o que fazemos é o que somos. Para se lembrar de focalizar-se no tipo de pessoa que quer ser, junto com a lista de afazeres organize para a próxima semana uma lista de coisas a ser. Pergunte-se: *Como quero ser esta semana? Que qualidades procurarei conscientemente expressar (por exemplo, paciência, honestidade, gratidão, confiança, autoestima, capacidade de estar totalmente presente quando estou com aqueles que amo etc.)?* Durante a semana, desafie-se a expressar as qualidades em sua lista de intenções de coisas a ser.

■ **Quem é você?** Você é mais do que sua lista de afazeres. Você é mais do que o que diz, o emprego que tem ou o que possui ou deixa de possuir. Tire algum tempo para ficar só consigo mesmo e escreva uma resposta para a seguinte pergunta: *Quando não tenho mais nada para fazer, quem sou eu?*

CAPÍTULO 14

CADA VEZ MAIS GLORIOSO

Vá do ser para o Ser
e encontre a mina de ouro.

— JELALUDDIN RUMI

É preciso ter coragem, paciência e persistência para criar a própria vida. Às vezes, parece que estamos atravessando um rio, enfrentando uma forte corrente que nos arrastará se pararmos de nos esforçar até mesmo por um segundo. No entanto, mesmo que seja uma corrente de submissão ou de oposição a nossos sonhos, essa força contrária não é o verdadeiro perigo. O perigo real é a dúvida. A dúvida é o que nos faz parar no meio do rio. A dúvida é o que permite que a correnteza nos arraste. Nós nos questionamos e perguntamos se o universo nos apoiará na atitude de sermos nós mesmos. Quando deixamos a dúvida tomar conta, ficamos suscetíveis à propaganda insidiosa de que precisamos seguir a corrente da multidão que sussurra ardilosamente: "Você não tem as qualidades necessárias para agir de outra forma."

É difícil celebrar a própria voz quando ouvimos vozes como essa reverberando dentro de nossas cabeças e recitando a litania de nossos "erros" passados como prova de que devemos desistir. Essas vozes podem parecer tão familiares que automaticamente acreditamos nelas. Afinal, em alguns casos elas foram ouvidas desde quando podemos nos lembrar. Mas as vozes que julgam, depreciam ou limitam nunca vêm de nosso verdadeiro ser. Elas são do falso ser, aquele trapaceiro ou sabotador interno que tenta nos paralisar, jogando com os dois lados da questão. Por um lado, elas dizem que você não é capaz de muita coisa porque é imperfeito. Por outro lado, elas o criticam porque você não realizou mais!

Se escutarmos o que diz essa harpia de duas caras acharemos mais apropriado sentir culpa pelo que não realizamos, em vez de festejar o que temos. Rotulamos de fracassos infelizes e perda de tempo nossas experiências de aprendizagem, as situações em que mais crescemos. Com medo de cometer outro erro, hesitamos em tentar qualquer coisa nova. Tudo isso esconde o fato de que não existe perda de tempo quando estamos aprendendo — e estamos sempre aprendendo.

Todos ouvimos as palavras de sábios como Albert Einstein, que disse: "Quem jamais cometeu um erro, jamais tentou algo novo." Ou de James Joyce, para quem um homem de gênio não comete erros porque seus erros são portais para descobertas. Intelectualmente, sabemos que os erros são bons e são a melhor forma de ganhar experiência de vida. É o que ensinam os mais modernos livros de negócios, os gurus de autoajuda e os seminários que ensinam o caminho para o sucesso. Contudo, nosso condicionamento e nossos hábitos, reforçados pelo ambiente e pelas pessoas que fazem parte dele, podem sinalizar de outra maneira.

Com que frequência você recebeu tapinhas no ombro acompanhados das palavras "Aí, garoto/garota! Esse foi um erro monumental! Vamos celebrar!". Quase sempre, as reações a nossas experiências de aprendizagem (que podem ir de ser rejeitado ou ridicularizado até ser espancado ou despedido) reforçam a ideia de que para receber amor e aprovação temos de ser perfeitos o tempo todo. Quando estamos mergulhados nesse tipo de reação, só o que podemos aprender a fazer com perfeição é criticar-nos. Aprendemos a ser bons juízes e a julgar o tempo todo. Repetir constantemente que não somos bastante bons em vez de contabilizar o que aprendemos no processo de viver e amar. Tornamo-nos iguais ao personagem da seguinte piada do arcebispo Fulton Sheen:

Um homem foi ao médico, queixando-se de dores de cabeça.

— Você sente uma dor incômoda na testa? — perguntou o médico.

— Sim — respondeu o paciente.

— E uma dor pulsante na nuca?

— Sim.

— E dores agudas nos lados da cabeça?

— Sim!

— Ah! — explicou o médico —, seu halo está muito apertado.

PERFEIÇÃO, O ALVO MISTERIOSO E FUGIDIO

Como podemos saber se somos vítimas da síndrome da insuficiência? A conselheira Brook Montagna me ajudou a diagnosticar essa síndrome em mim mesma quando, num processo de autodescobrimento, me pediu para listar todas as situações em que eu me sentia "em falta". Dividi uma folha de papel em duas colunas e imediatamente pulei para a coluna "em falta". Isso era fácil de imaginar e preenchi a coluna num instante. Já a coluna "bastante boa" foi outra história. Rabisquei timidamente algumas entradas, mas desisti depois de vários minutos. Quando mostrei o resultado de minhas listas a Brook, a conselheira fez uma pausa e perguntou delicadamente: "Você já pensou alguma vez que é bastante boa — exatamente do jeito que é?" Para ser sincera, eu nunca tinha pensado nisso.

O comentário dela me fez refletir profundamente. Perguntei-me que tipo de escala interna estava usando para decidir que parte de mim era "bastante boa" ou "insuficiente". Bastante boa para quê? Brook me mostrou que na coluna "em falta" eu tinha listado traços de caráter. Todos temos traços de personalidade ou hábitos que nos incomodam e que incomodam os outros, mas eles não são motivo para nos considerarmos tristemente inadequados, indignos de crédito e essencialmente "em falta".

Quando perguntei a Brook quantos de seus pacientes tiveram a mesma dificuldade que eu naquele exercício, ela revelou que a maioria. Pouco depois disso, uma conversa que tive com alguns amigos durante o jantar ressaltou esse triste fato. Uma das minhas amigas estava contando como sua sobrinha de 20 anos deixou os pais chocados quando disse a eles que durante a infância e a adolescência nunca se sentiu bastante boa — essa expressão novamente! Os pais da garota, naturalmente, ficaram tristes ao ouvir isso. Quando minha amiga terminou a história, porém, perguntei a ela: "E você, se sentia bastante boa quando era jovem?" Ela admitiu que não. Na verdade, ao redor da mesa naquela noite, entre homens e mulheres, apenas uma pessoa de sorte disse que não tinha sofrido com o sentimento de inadequação enquanto crescia. Em outras ocasiões, perguntei a mesma coisa a outras e é rara a pessoa que escapou com um nível razoável de autoestima.

Embora os anos da adolescência possam ser difíceis, não acredito nem um pouco que se sentir inadequado seja apenas parte natural da passagem por essa fase constrangedora e que esse sentimento desapareça com o tempo.

Esses padrões são martelados em nós muito antes de chegarmos à adolescência e podem persistir por muito mais tempo. Embora possamos esconder habilmente esse sentimento dos outros e de nós mesmos, a sensação de insuficiência pode continuar viva e atuante no mundo subterrâneo que rege grande parte de nossos pensamentos e ações.

O verdadeiro problema nessa situação é que, se nos classificarmos como insuficientes, quando iremos nos sentir bem-sucedidos? Quando poderemos nos permitir ser felizes? Quando poderemos começar a gostar de quem somos e do que a vida tem para oferecer naquele momento? Quando será válido parar de se comparar com esse alvo misterioso e fugidio, a perfeição?

Na raiz desse dilema encontra-se um equívoco: muitos de nós fomos convencidos a acreditar que tudo o que fazemos precisa alcançar o rígido padrão da perfeição humana.

Os luminares, tanto da Antiguidade quanto dos tempos modernos, adotam uma visão muito mais voltada para o coração. A vida na verdade é uma progressão, dizem os sábios. Nosso papel é crescer e transcender constantemente nosso conhecimento prévio nos níveis físico, mental, emocional e espiritual. Como estudantes na sala de aula da vida, naturalmente aproveitamos ao máximo esse processo quando, em vez de permanecer passivos, procuramos alcançar a excelência. No entanto, os sábios também assinalam que a meta de nossas lições não é alcançar algum ideal inatingível de perfeição mecânica. A meta é descobrir a si mesmo — seu verdadeiro ser — e a cada dia expressar mais desse verdadeiro ser, abrindo as portas do coração e expandindo a capacidade de distribuir as próprias dádivas.

Todos queremos expressar nosso verdadeiro ser e compartilhar completamente nossos dons. Como escreveu Rabindranath Tagore: "Esse anseio pela perfeita expressão de seu ser é mais profundamente característico do homem do que a fome e a sede de sustento para o corpo e o apetite por riqueza e proeminência."[1] De uma perspectiva cristã, Thomas Merton nos direciona para a mesma verdade: "Para mim, ser um santo significa ser eu mesmo [...] Temos a liberdade de ser genuínos e não genuínos. Podemos ser verdadeiros ou falsos, a escolha é nossa."[2] Essa escolha não acontece uma única vez. Acontece todo dia, às vezes diversas vezes ao dia. Quando realizamos nossas atividades diárias, podemos escolher deixar nosso verdadeiro ser manifestar-se por nosso intermédio ou podemos aceitar ser tímidos e autocríticos e fingir levar em consideração os próprios interesses, mas somente dar força às imposições que nos mantêm acusando-nos de ser "insuficientes".

VOTAR EM SI MESMO

Se você opta constantemente por usar a fita métrica do falso ser em detrimento do verdadeiro ser, estará sempre perseguindo o fugidio alvo da perfeição e nunca se sentirá feliz e em paz. O antídoto para essa maneira desgastante de viver é aceitar os dois lados do paradoxo. Reconhecer que não tem que ser humanamente perfeito para ser feliz ou digno de amor e também reconhecer que sempre haverá espaço para crescer e melhorar. Você é bastante bom e está sempre melhorando. Quando as vozes críticas começarem a se levantar dentro de você, tenha a coragem de dizer: "*Não, não sou um paradigma de perfeição humana. Quem é? A questão não é a perfeição. A questão é ser meu verdadeiro eu e ser o meu melhor. Hoje vou procurar fazer o máximo como ponto de partida para aquilo em que vou me transformar. Estou votando em mim.*"

Como podemos votar em nós mesmos? Fazemos isso toda vez que mandamos aquela voz crítica que diz "isso foi uma burrice" cair na real e parar de fazer tanto drama. Fazemos isso toda vez que afirmamos nosso direito de aprender com os erros sem chamá-los de fracassos. Fazemos isso sempre que escolhemos não assumir automaticamente a culpa quando alguma coisa parece ter dado errado. Votamos em nós mesmos quando optamos por estar perto de gente positiva e apoiadora. E fazemos isso cada vez que admitimos com um sorriso que, como todo mundo, somos uma obra em construção.

Quando Mauve, o mentor do jovem Vincent van Gogh, ficava zangado com ele, o pintor engenhosamente se defendia usando essa expressão. Numa carta que escreveu ao irmão, Van Gogh declara: "Mauve reagiu mal quando eu disse 'Sou um artista', mas não vou me desculpar por ter dito isso porque é evidente que essa palavra quer dizer alguém que busca alguma coisa o tempo todo sem jamais encontrá-la completamente. É o oposto de dizer 'Sei tudo sobre isso, já descobri'. No que me diz respeito, a palavra artista significa 'estou procurando, estou à caça disso, estou profundamente envolvido'."

Esse é um ponto de vista estimulante. Ele ressalta que não precisamos ser "perfeitos" para correr atrás das missões que escolhemos. O mais importante é estar "profundamente envolvidos" no processo de viver — afirmar que "quem eu sou e o que tenho para oferecer estão sempre evoluindo". É contraproducente julgar-se enquanto está nesse processo. E você sempre estará nesse processo. Você *é* o processo.

MITO:

Ser objeto de amor e aprovação depende do meu grau de perfeição.

MÁGICA:

A perfeição humana não é a meta. A meta é aprender a expressar mais do meu verdadeiro ser.

Todos somos os artistas de nossas próprias vidas — pintando, repintando e, às vezes, decidindo começar de novo numa tela inteiramente nova. Todos estamos procurando o meio, a técnica e as cores que irão capturar o que estamos tentando criar naquele momento de nossa vida. Desde o nascimento, você está elaborando sua obra-prima. Está desenvolvendo suas habilidades. Um jovem pintor não começa a vida sendo um mestre, assim como não saímos do útero dotados de todas as habilidades de um adulto maduro.

Nós chamamos de erro o fato de uma criança se balançar, de um lado para outro, e cair sobre o traseiro vezes sem conta, como parte do processo de aprender a ficar em pé? Será que essa criancinha e seus pais veem como erros essas tentativas desajeitadas? É claro que não. Sendo assim, por que devemos ficar irritados conosco quando estamos no meio do processo de dominar certas habilidades da vida? Por que nos condenamos quando estamos ficando cada vez mais hábeis em abrir as portas do coração, distribuir nossas dádivas e receber as dádivas que os outros têm para nos dar? Por que devemos nos sentir desencorajados quando ainda estamos aperfeiçoando a profunda arte de dar e receber?

Mesmo o gênio mais inteligente entre nós se considera um aprendiz por toda a vida. Diz-se que certa vez um repórter perguntou ao inventor norte-americano Thomas Edison como ele se sentiu quando fracassou diversas vezes antes de conseguir inventar a lâmpada elétrica. Durante a vida, Edison patenteou mais de mil invenções, e sua resposta a essa pergunta mostra por que ele teve tanto sucesso: "Eu não fracassei. Apenas descobri 10 mil soluções que não funcionavam."

Em seu estilo bilionário, o excêntrico Howard Hughes dá outro exemplo de regozijar-se no processo de aprendizagem. Durante sua carreira de cineasta, Hughes gastou milhões de dólares filmando e refilmando o épico *Anjos do Inferno*, um filme sobre dois irmãos que durante a Primeira Guerra Mundial se alistam na Força Aérea britânica (RAF) e são voluntários para uma missão perigosa. Esse foi, de longe, o filme mais caro da época. Hughes estava obcecado pela ideia de torná-lo cada vez melhor, a cada tomada de cena. No entanto, ele nunca viu esse processo como um fracasso ou um erro. Ele chamou-o de experiência de aprendizagem. Para aqueles que questionavam a sensatez de despender sua fortuna em um filme, ele respondia: "Você acha que eu estou perdendo tempo, mas estou aprendendo muito sobre fazer filmes." No final, *Anjos do Inferno* acabou por ser um sucesso espetacular e foi indicado para um prêmio de melhor diretor pela Academia de Cinema de Hollywood. Quanto a Hughes, ele continuou a produzir filmes. Alguns não fizeram sucesso, mas outros ainda são considerados clássicos do cinema.

"Estou aprendendo muito." Esta é uma boa resposta para se dar às vozes internas e externas que procuram insistentemente afogar com seu julgamento nossa verdadeira voz. *"Estou aprendendo muito sobre quem sou."*

O OURO E A LAMA

Precisaríamos de um livro inteiro para analisar de onde veio a ideia arraigada de que não somos intrinsecamente bastante bons e como essa ideia conseguiu se fixar em tantos de nós como uma fita adesiva gruda no papel. Precisaríamos explorar tudo, desde descobrir quando e como surgiu o conceito de "pecado original" (na verdade, ele surgiu muitos séculos depois do início do cristianismo) até saber o que está por trás dos estereótipos culturais de sucesso que são martelados impiedosamente em nós por todos os meios imagináveis. Porém, o mais importante é focalizarmos nas estratégias de combate às vozes condenatórias e de defesa da verdade. Essas estratégias sempre começam por ratificar os ensinamentos dos sábios — no fundo você é um ser glorioso a caminho de se tornar ainda mais glorioso.

MITO:

Não sou bastante bom.

MÁGICA:

Sou um ser glorioso a caminho de me tornar ainda mais glorioso.

Essa verdade fortalecedora faz parte de todas as grandes tradições do mundo. Se estudarmos o que os místicos e os fundadores dessas tradições ensinaram, veremos que eles dão destaque à nossa qualidade inata, em vez de promover nossas fraquezas. Em vez de se focalizarem no fogo do inferno, eles festejam nosso fogo interior. Dizem que o mais importante não é obedecer aos comandos da maioria e seguir as regras, mas honrar as emoções e expressar o poder magnífico e o potencial dentro de nós. Adoro a maneira poética pela qual um texto cristão primitivo chamado Evangelho da Verdade aborda essa questão: "Então diga sinceramente que você é o dia perfeito e que em você mora a luz que não se apaga."[3]

Os sábios chamam de despertar o processo de entrar em contato com nosso verdadeiro poder. Despertar dos sonhos, da ilusão do que achamos que somos ou nos disseram que somos e nos vermos como realmente somos. Ir além dos aspectos exteriores e procurar a essência interior. Os místicos descrevem nossa essência interior de diversas formas, adaptadas a suas épocas e culturas especiais. Os místicos cristãos falam do homem interior ou do Cristo interior, enquanto os quackers se referem à luz interior. Nossa essência é conhecida como Atman pelos hindus, como Tao pelos taoístas e como natureza de Buda pelos budistas. Outros a chamam de centelha divina, verdadeiro ser, ser superior ou simplesmente Ser.

Não importa que terminologia eles usem, os místicos afirmam que nosso verdadeiro ser é uno com o divino. Embora isso possa parecer um jogo de esconde-esconde porque nos esquecemos de que ele existe, nosso verdadeiro ser está sempre dentro de nós. Por exemplo, um texto budista explica que "tudo o que vive está dotado da essência do Buda" e, como outras tradições, compara essa essência ao ouro, que é considerado indestrutível por natureza. Se for jogado num lugar cheio de impurezas, permanecerá imutável mesmo após centenas de anos. A parte de nós que é real é como esse ouro. Embora possa ser recoberta pela sujeira e pelo lodo da vida, permanece preciosa, pura e indestrutível. O influente pensador cristão Origen de Alexandria tratou de um tema semelhante quando afirmou que a semente divina dentro de nós pode "ser encoberta e escondida, porém jamais destruída ou extinta; ela reluz e cintila, brilha e queima e se inclina sem cessar em direção a Deus".

Embora os sábios continuamente chamem nossa atenção de volta para essa essência dourada, eles também são realistas. Não negam que nós nos sujamos quando tomamos o caminho trilhado do combate nas trincheiras da vida. Quando estamos de pé sob uma nuvem de chuva, nos molhamos. Eles nos dizem que aceitemos isso — faz parte da vida. Só não esqueça que embaixo de tudo isso você é feito de ouro puro.

Infelizmente, ao longo dos séculos e dos milênios, essa verdade universal sumiu de vista. Alguns dos seguidores fanáticos dos grandes mestres se distanciaram dos ensinamentos originais que receberam. Esses seguidores decidiram focalizar-se tanto na lama que adere à superfície que depois de algum tempo eles e nós esquecemos a existência da centelha divina, do fogo dourado que reside dentro de nós. O brilho desse fogo é o que deve ser refletido por nós enquanto cuidamos de nossas vidas diárias. É isso o que reverenciamos em nós mesmos.

Honrar a si mesmo, portanto é honrar a seu Ser, com S maiúsculo. Quando honra a seu Ser, você está dedicado a expressar sua melhor natureza. Quando honra a seu Ser, você aviva o fogo interior. Quanto mais brilhante esse fogo queimar, mais poderá aquecer os outros e iluminar o caminho para eles, para que eles também possam descobrir a própria luz interior.

Como recebemos tanta crítica de dentro e de fora, é essencial encontrar maneiras de nos lembrarmos de focalizar na presença do sol interior, em vez de focalizar as nuvens que passam e temporariamente ocultam seu brilho. Encontrei uma estratégia singela, porém eficaz, quando certa noite estava me sentindo melancólica. Eu estava me culpando por problemas no trabalho. Dizia a mim mesma que não só essas situações específicas eram desanimadoras: eu também era. A culpa por aquela situação era minha. O que estava errado comigo para me fazer atrair essas situações dolorosas?

Saí para fazer uma caminhada ao anoitecer. A natureza começou a operar sua mágica em mim, como sempre faz, e não pude evitar de dizer a mim mesma: "Quanta beleza existe em tudo o que Deus criou!" Então, ouvi em meu coração, como um eco: "Portanto, você também deve ser bela." Foi como se uma luz subitamente afastasse a escuridão; apesar do meu humor negativo, tive um vislumbre do ouro dentro de mim. Aquela pequena dose de verdade me deu forças para prosseguir. Ela me lembrou que não havia nada essencialmente errado comigo, embora eu tropeçasse aqui e ali. Também me ajudou a ver que me condenar não fazia nenhum bem a mim ou a qualquer pessoa. Recuperei a esperança de que as coisas pudessem melhorar — e de que eu fosse melhor do que estava me considerando.

A GRANDE FUGA

Embora possamos saber que temos magnificência dentro de nós e que é essencial desempenharmos o papel principal em nossas vidas, ainda podemos nos apanhar longe do centro do palco. Podemos chamar isso de grande fuga — manter-se ocupado cuidando de todo mundo e não ter tempo para ajudar a si mesmo ou expressar a própria grandeza. Parece ridículo querer fugir disso. Quem iria querer fugir da oportunidade de ser glorioso?

De acordo com Abraham Maslow, o proeminente psicólogo do século XX, muita gente. Ele dá a essa necessidade de fugir da própria grandeza o nome de "complexo de Jonas", referindo-se ao profeta Jonas, o grande artista da fuga que tentou evitar o próprio destino. A história de Jonas é a seguinte: Deus mandou Jonas, um israelita, avisar aos habitantes de Nínive que eles deveriam se arrepender de sua impiedade. Jonas não ficou feliz com essa incumbência. Os habitantes de Nínive eram inimigos dos israelitas. Por que ele deveria salvá-los? O profeta tenta evitar a tarefa pegando um navio que ia na direção oposta, mas ocorreu uma violenta tempestade e os marinheiros foram forçados a jogá-lo pela amurada do navio para acalmar o mar. Um grande peixe engoliu Jonas; três dias depois, como o profeta se arrependeu e implorou pela compaixão de Deus, o peixe o vomitou em terra firme. Por fim, Jonas entendeu a mensagem: você pode tentar, mas não pode fugir da sua missão. Dessa vez, quando Deus pediu-lhe para pregar para o povo de Nínive, ele obedeceu, avisando que a cidade seria destruída dentro de quarenta dias. Todo o povo da cidade, inclusive o rei, aceitou a mensagem de Jonas. Os habitantes de Nínive optaram por fazer jejum, orar a Deus e mudar seus hábitos violentos. Como resultado, aconteceu o que Jonas temia — a cidade foi poupada.

As aventuras de Jonas, tal como as nossas, ocultam vários paradoxos instigantes que, como podemos imaginar, são a moral da história. Para começar, Deus pede a Jonas que salve um povo que é inimigo do profeta. Em segundo lugar, Deus não corresponde à ideia de Jonas sobre como um deus deveria se comportar. Naquela época, como hoje, as pessoas veem Deus como um gigantesco juiz brandindo uma marreta, cujo papel é esmagar os inimigos de seus adoradores. No entanto, nesse episódio, Deus é mais compassivo que seu crítico profeta, o qual quer decidir quem deve e quem não deve ser salvo. Por fim, Jonas cumpriu tanto o papel de rebelde fujão que precisa de um puxão de orelha quanto o papel do grande profeta chamado para cumprir uma gloriosa missão.

O fato é que muitos de nós somos como Jonas, principalmente quando se trata de ser fujão. Temos o mesmo impulso de fugir de nossa missão na vida, de escapar à nossa verdadeira vocação. Percebemos nosso grande potencial, mas também duvidamos de nossa capacidade para concretizar essas expectativas monumentais. Começamos por incluir defeitos em nosso caráter e precisamos de todos os dedos dos pés e das mãos para contá-los. Ficamos com medo de não dar conta.

O complexo de Jonas não é difícil de identificar. Ele

se revelou toda vez que Maslow perguntou aos alunos qual deles esperava escrever um grande romance norte-americano ou se tornar um compositor famoso, um senador ou até mesmo presidente. Os alunos deram risadinhas, ficaram ruborizados e se encolheram (o que você teria feito?), e Maslow reagiu perguntando: "Se não forem vocês, quem será?"

Ele impulsionava seus alunos universitários em direção a níveis mais elevados de aspiração fazendo o seguinte discurso que, em parte, reflete o tema deste livro: "Você está se preparando para ser um psicólogo mudo ou inerte? Qual a vantagem disso? Esse não é um bom caminho para a autorrealização. Não, você precisa aspirar a ser um psicólogo de primeira classe, ou seja, o melhor, realmente o melhor que for capaz de se tornar. Se você planejar deliberadamente ser menos do que é capaz, então, aviso que será profundamente infeliz por toda a vida."[4] A escritora Marianne Williamson fala dessa mesma síndrome de falta de autoconfiança em seu livro *Um retorno ao amor*, onde escreve: "Nós nos perguntamos: quem sou eu para ser brilhante, bonito, talentoso, fabuloso? Na verdade, quem é você para não ser tudo isso? Você é filho de Deus. Diminuir-se não ajuda o mundo."[5]

Se você se deixar dominar pelo medo de não ser capaz de utilizar todo o seu vasto potencial, talvez se veja fazendo uma ou todas as seguintes coisas: convencer-se de que qualquer ideia brilhante que tenha para revelar seus talentos é apenas um sonho delirante e dizer "Quem, eu?", correndo imediatamente no sentido oposto; desvalorizar-se diante dos outros ou definir para si mesmo expectativas muito baixas; fingir ser fraco ou incapaz para não precisar enfrentar seus medos, assumir riscos ou lidar com decepções; tornar-se um artista da fuga, dissolvendo-se numa vida de mediocridade onde não precise ocupar o centro do palco e assumir o papel de estrela da sua vida.

O medo dos holofotes pode levá-lo a fazer o que mencionei no início dessa seção — encher o tempo com inúmeras obrigações para com terceiros e não ter a energia ou o impulso para garimpar o próprio ouro. Você pode oferecer-se para combater as lutas alheias ou apoiar as causas dos outros como forma de evitar a angústia de lidar com as próprias missões na vida. No entanto, essas estratégias nunca dão certo. Por mais nobre que uma tarefa seja, se não for sua, será apenas uma dispersão. Ser menos do que o seu ser mais luminoso só lhe trará mais vazio e infelicidade.

MITO:

Quem, eu? Como posso ser notável se tenho limitações?

MÁGICA:

Posso ter pontos fracos, mas também sou maravilhoso.
As dúvidas vêm e vão, mas não deixarei que elas
me impeçam de distribuir minhas dádivas.

Você tem medo da própria grandeza? Você se deprecia para não precisar fazer o necessário para distribuir suas dádivas? Você tenta evitar seu potencial para a grandeza convencendo-se de que não tem a menor chance de dar início a um projeto porque não será capaz de fazê-lo "com perfeição"? Mais uma vez, o Bhagavad Gita dá a resposta. Naquele fascinante diálogo no campo de batalha, Krishna instrui Arjuna: "A ação é maior do que a inércia: portanto, realize sua tarefa na vida [...] Um homem não deve abandonar sua tarefa, mesmo que não possa realizá-la com total perfeição, porque em todo trabalho pode haver imperfeição, assim como em todo fogo há fumaça."[6]

Tudo isso aponta para um dos paradoxos mais sublimes da vida — somos, ao mesmo tempo, fracos e maravilhosos. Temos limitações humanas e potenciais sobre-humanos. Somos, ao mesmo tempo, humanos e divinos e isso requer de nós uma grande humildade e também um profundo autorrespeito e orgulho de nossos talentos.

Uma das escolhas mais sábias e corajosas que você fará será reconhecer suas limitações presentes e, ao mesmo tempo, aplaudir sua grandeza. O fato de termos limitações é um dado, portanto, é natural termos dúvidas e nos sentirmos incompetentes de vez em quando. Reconhecer esse sentimento é até mesmo saudável. As dúvidas vêm e vão, mas não permita que elas o deixem paralisado. Em vez disso, aceite o paradoxo e dance.

ALGUÉM ENTENDERÁ

Neste e nos dois capítulos anteriores falei sobre os diversos mitos e obstáculos que podem nos impedir de valorizar nossa própria voz e distribuir nossas dádivas. Mais um mito merece nossa atenção, um obstáculo que pode circular abaixo da superfície de nossa percepção consciente sem que jamais percebamos que ele está ali: podemos preferir não nos valorizarmos ou distribuir nossos dons por medo de ser malcompreendidos, rejeitados ou caluniados.

Na verdade, qualquer pessoa que tenha feito frente à corrente de conformismo e tenha desafiado os padrões estabelecidos em qualquer arena, pessoal ou profissional, foi malcompreendida em algum momento. Como ressalta Emerson: "Pitágoras foi malcompreendido e também Sócrates, Jesus, Lutero, Copérnico, Galileu, Newton e todo espírito puro e sábio que já viveu. Ser eminente é ser malcompreendido."

Sempre que tentamos romper com as convenções e expressar nossa voz autêntica, podemos esperar atrair críticas. Elas são uma consequência natural. Essa barragem tem um propósito importante: obriga-nos a convocar nosso fogo interior e defender o que sabemos que está certo. As tradições do mundo estão cheias de histórias que demonstram como a resistência do exterior pode criar exatamente as condições certas para um avanço interior. Como mostra o seguinte exemplo arquetípico da tradição oriental, os desafios podem ser exatamente aquilo de que precisamos para nos catapultarmos a um novo nível. (Talvez você conheça essa história, relatada no filme *O Pequeno Buda*, estrelado por Keanu Reeves.)

No Capítulo 2 contei a história de Sidarta Gautama, o príncipe indiano que abandonou o trono e a família para buscar iluminação. Durante muitos anos ele praticou rígidas austeridades, pensando que isso o levaria para perto de sua meta, mas ficou tão fraco que desmaiou e quase morreu. Quando uma jovem o alimentou com uma tigela de nutritivo leite de arroz, ele recuperou as forças. Fortificado por aquela refeição singela, Gautama decidiu sentar-se sob uma árvore e meditar até alcançar a iluminação.

Sentado sob aquela árvore, o príncipe enfrentou inúmeros desafios. Mara, o Sedutor, convocou todos os tipos de tentação para atrair Gautama para longe daquele local e afastá-lo de sua razão de ser, tal como Jesus foi tentado no deserto e muitos santos foram ridicularizados e verbalmente atacados enquanto rezavam, meditavam ou tentavam dormir. Mara cercou Gautama de horrendos demônios, tempestades e ataques cruéis. Mas o pior foi questionar o direito do príncipe a fazer o que fazia e ser quem era. Na verdade, Mara teve a ousadia de comentar que ele próprio, e não Gautama, deveria estar sentado no trono da iluminação. A tradição afirma que durante tudo isso o príncipe se manteve impassível. Finalmente, ele curvou-se e tocou o solo à sua frente com a ponta dos dedos da mão direita, pedindo à terra que fosse sua testemunha e confirmasse seu direito ao caminho que seguia. Em resposta, a terra bradou com estrondo: "Sou testemunha." Mara e suas legiões fugiram.

Depois de passar a noite sozinho em profunda meditação, Gautama finalmente atingiu a meta da iluminação. Ele se tornou o Buda, que significa "iluminado" ou, mais literalmente, "aquele que despertou" — despertou para a verdadeira natureza da realidade e para a realidade da própria natureza interior. Ele experimentou em primeira mão a verdade de que todos temos dentro de nós uma essência dourada e indestrutível. No entanto, Mara ainda não tinha se dado por satisfeito. Ele tinha um último trunfo na manga. Dizer a Gautama: "Não se dê o trabalho de voltar para o mundo. Ninguém compreenderá seus ensinamentos ou sua experiência. Por que não deixar o mundo para trás e permanecer para sempre no nirvana?"

Esse deve ter sido um teste difícil. Quem não gostaria de ficar eternamente livre da condição humana, de sua mesquinhez e de seus desafios imprevisíveis? "Será que Mara está certo? Será que conseguirei expressar em palavras minhas experiências extraordinárias? Será que alguém realmente entenderá o que tenho a dizer?" — com certeza, todos esses pensamentos e muitos mais passaram pela cabeça de Gautama. Mas ele também pensou nas pessoas de sua época e do futuro que continuariam a sofrer na ignorância se ele não saísse de sob aquela árvore para ensinar-lhes o que aprendera sobre o sofrimento e como acabar com ele. O Buda sabia que era preciso divulgar suas percepções, mesmo que só conseguisse ajudar a uma ou duas pessoas. Portanto, respondeu a Mara com as palavras que todos devemos dizer quando confrontados por provocadores e sedutores que tentam nos desviar do caminho: *"Alguém entenderá."* Quando Gautama pronunciou essas palavras, Mara desapareceu.

Nós temos a tendência de ver as grandes figuras históricas ou até mesmo contemporâneas que se destacam em seus campos de atuação e pensar que elas nunca enfrentaram os mesmos desafios que nós. Isso não é verdade. Elas enfrentaram as mesmas dúvidas e medos, mas seguiram em frente, distribuindo suas dádivas apesar dessas dúvidas e medos. Elas ouviram as vozes de dúvida e de condenação, mas decidiram obedecer sua verdadeira voz. Elas preferiram reverenciar-se.

Você também pode ter ouvido os refrões zombeteiros e tentadores quando pensava nos passos necessários para distribuir suas dádivas em casa, no trabalho ou em sua comunidade. Como resultado, talvez tenha dito a si mesmo: "Por que devo me arriscar? São tantos os obstáculos! É muito difícil, não vale a pena. Minha família e meus amigos não entendem. Ninguém vai apreciar meus esforços. Além disso, não tenho certeza de que alguém vá se interessar pelo que tenho a dizer." Se esses pensamentos surgirem mais uma vez, você agora já sabe de onde eles vêm e como responder: "Alguns entenderão, logo, vou distribuir minhas dádivas."

MITO:

Para que tentar? Ninguém vai entender o que estou tentando dizer ou fazer.

MÁGICA:

Alguém entenderá o que eu digo e irá valorizar o que tenho para dar, portanto, vou distribuir minhas dádivas.

Se você quiser aproveitar ao máximo a vida, terá que fazer frente às mesmas questões enfrentadas por todos os que ousadamente escolhem distribuir seus dons: vou deixar que alguém ou alguma coisa me afaste da minha meta? Vou me deixar convencer de que não tenho talento suficiente, não sou muito organizado, perfeito, forte, bonito, rico ou articulado para fazer o que meu coração me pede? Ou vou ficar firme e me lembrar de que não preciso ser perfeito para realizar minha missão? Quando estiver diante da audácia dos cínicos e dos críticos, vou olhar para dentro do coração e criar a coragem para seguir em frente e me doar?

Um ditado da tradição hassídica resume os desafios e seu antídoto: "Então, os homens sempre devem continuar dóceis? Nem tanto, dizem os mestres. Há momentos em que a arrogância é um dever. Quando as más tendências se aproximam, sussurrando em seu ouvido que você não é digno de cumprir a lei, responda: 'Sou digno.'"

CHAVES PARA ALCANÇAR O EQUILÍBRIO

Sete estratégias para continuar a votar em si mesmo

Rumi, o poeta sufi, escreveu: "Viaje dentro de si. Entre na mina de rubis e banhe-se no esplendor da própria luz."[7] Cada um de nós tem magnificência dentro de si. O desafio é continuar a honrar essa parte do seu ser quando as nuvens tempestuosas da vida temporariamente encobrem esse brilho. As sete estratégias seguintes podem ajudá-lo a glorificar sua radiância interior e continuar a votar em si mesmo sem se incomodar com o que acontece ao seu redor.

❶ **Escreva uma carta de amor para si mesmo.** Finja por um momento que você é seu maior defensor. Agora escreva uma carta de apoio e estímulo para si mesmo, como quem torce por si mesmo. Então, coloque a carta no envelope e mande-a para você. Quando estiver viajando, envie para sua casa um cartão-postal com uma mensagem de inspiração. À noite, antes de fechar o programa de correio eletrônico, envie uma mensagem de apreço para que possa vê-la quando abrir suas mensagens no dia seguinte. Cultive o hábito de aplaudir sua grandeza.

❷ **Personalize seu protetor de tela.** Dê uma utilidade ao protetor de tela do seu computador. Programe-o para mostrar imagens ou afirmações que compensem as vozes negativas ou céticas, internas e externas. Seja específico e focalize-se no que está prendendo sua atenção no momento. Por exemplo, você pode programar o protetor de tela para mostrar lembretes como "Cuido muito bem de mim porque mereço ser feliz e saudável", "Tenho algo importante a dizer e faço isso com confiança e facilidade" ou, simplesmente, "Eu honro a mim mesmo diariamente graças a ____", preenchendo a lacuna com o que for mais importante para você naquele momento.

❸ **Deixe por perto uma foto sua de quando era pequeno.** Escolha uma foto sua da infância para lembrar suas qualidades inatas como a alegria, doçura, curiosidade ou amor à vida — uma foto que reflita quem no fundo você realmente é. Coloque-a numa moldura bonita e deixe-a onde possa vê-la com frequência. Toda vez que olhar para o fato, deixe que a imagem reconfortante renove seu contato com uma parte preciosa de você que reflita sua verdadeira essência.

❹ **Passe o tempo com pessoas que festejem e apoiem você como é.** Ponto final. Se você se deixar pressionar ou massacrar por gente que não aprecia suas qualidades, só ficará numa constante batalha que devorará sua energia e seu entusiasmo. Você não precisa se afirmar para ninguém, nem justificar seus sonhos e planos. Sua tarefa é ser você mesmo.

❺ **Use seu limpador de para-brisa.** Você jamais se arriscaria a dirigir numa tempestade um carro sem limpador de para-brisa. No dia a dia, você também precisa de um limpador de para-brisa para remover as frustrações, críticas e dúvidas que, como chuva pesada ou lama, podem atrapalhar sua visão e dificultar sua viagem para onde quer ir. Talvez você não consiga fazer cessar a chuva que cai sobre sua vida, mas pode ligar o limpador de para-brisa. Quando estiver sentindo desconforto ou quando os outros não estiverem respeitando o ouro que existe dentro de você, o que o ajudará a ter clareza novamente? Será tirar um tempo sozinho? Meditar ou rezar? Viajar? Fazer exercícios? Ou caminhar na natureza, ver um filme inspirador, conversar com um amigo que o apoia, marcar uma massagem ou uma sessão de aconselhamento? Faça uma lista das ferramentas que o ajudem, para não se esquecer de usá-las quando as nuvens de tempestade se acumularem.

❻ **Aja de acordo com a sua grandeza.** Cada um de nós é fraco de alguma maneira e maravilhoso de outra. Se agisse com base em sua grandeza, como doaria suas dádivas aos outros? O que você faria para aumentar sua capacidade de dar? Escreva as respostas a estas perguntas e pergunte a si mesmo toda semana: que passo posso dar, mesmo pequeno, para celebrar minha grandeza, desenvolver meus dons e doar mais de mim para os outros?

❼ **Crie um arsenal de afirmações.** A melhor defesa é um bom ataque. Dúvidas e difamação podem tentar perturbá-lo, mas você tem o recurso de se armar preventivamente da verdade. Escreva duas ou mais afirmações para falar em voz alta de modo a contrabalançar as dúvidas ou críticas que podem se avolumar dentro de você ou vir de terceiros. Crie afirmações que se apliquem especificamente às questões com que está lidando em sua vida. Eis alguns exemplos: "Sou um ser glorioso a caminho de me tornar ainda mais glorioso."; "Meu papel não é ser perfeito, mas ser o melhor que posso neste momento."; "Alguém vai entender o que tenho a dizer e valorizar o que tenho para dar, portanto, vou distribuir minhas dádivas." Quando vier o bombardeio, busque sua lista de afirmações e atire de volta, com o coração cheio de convicção.

CAPÍTULO 15

AMPLIAR A VISÃO *do que* É POSSÍVEL

Ver. Podemos dizer que a totalidade
da vida está contida nesse verbo.

— PIERRE TEILHARD DE CHARDIN

Certa tarde, Nasrudin, o sábio sufi de quem já falamos, descobriu uma ave estranha pousada no beiral de sua janela. Na verdade, tratava-se do falcão do rei. Como jamais tinha visto uma ave daquelas, Nasrudin pensou que fosse apenas um pombo defeituoso. Logo o sábio estava muito ocupado cortando as garras da ave. Em seguida, cortou o bico suntuoso para fazê-lo parecer mais reto. Para encerrar, soltou o pássaro, exclamando: "Estão cuidando muito mal de você. Agora você está mais parecido com uma ave!"

Será que todos nós já não fizemos o mesmo quando uma nova ideia, perspectiva ou personalidade tentou penetrar nos escaninhos de nosso pensamento e afugentamos o que não era familiar antes que aquilo pudesse nos transformar? Quantas vezes na vida ou mesmo em um dia somos obrigados a mudar nossos moldes mentais de modo a absorver algo novo que nos vem de nossos filhos, pais, irmãos, colegas de trabalho, vizinhos ou diversos grupos e partidos políticos que pensam, agem ou veem o mundo de uma maneira diferente da nossa?

Aprender a valorizar o ponto de vista alheio é essencial, e não só porque precisamos conviver no mesmo espaço de planeta neste sistema solar. Também é importante por causa desta verdade pessoal profunda: *Quando ajusto minha perspectiva de modo a incluir uma faixa mais abrangente de possibilidades ao meu redor, automaticamente amplio minha visão do que é possível para mim.* Se acharmos que todo mundo deve se parecer com um pombo, jamais seremos capazes de nos imaginar na figura de um majestoso falcão.

Carol descobriu essa verdade depois de passar anos lutando para aceitar o fato de sua filha, Lynn, ter escolhido uma religião diferente da dela. Embora Carol e o marido tenham criado a filha na tradição do judaísmo ortodoxo, quando chegou à adolescência Lynn começou a estudar outras tradições que considerava inspiradoras. Ela era grata pelas raízes judaicas, mas sentia atração por uma prática espiritual diferente. Ao longo dos anos, ela e os pais simplesmente pararam de falar sobre o assunto. Depois que o pai morreu, certo dia Lynn estava visitando a mãe e Carol revelou sentimentos que guardara durante todos aqueles anos: "Sinto muito que você tenha rejeitado a mim e a seu pai e nosso estilo de vida." A filha arregalou os olhos, surpresa, e então, numa voz suave e cheia de compaixão, respondeu: "Mamãe, eu não rejeitei você ou o papai. Eu só precisava ser eu mesma."

Então, foi a vez de Carol se mostrar surpresa. Durante décadas, ela e o marido acreditaram que a escolha espiritual diferente que a filha fizera, além de ser uma rejeição a eles, também era uma forma de humilhá-los. Eles achavam que tinham cometido um erro imenso na criação dela. A resposta de Lynn ajudou Carol a ver que ela e o marido não tinham fracassado como pais e que a filha não era rebelde nem crítica. Ela começou a entender que Lynn não os julgava; simplesmente seguia o próprio coração.

Sob o antigo ressentimento, Carol esteve vivendo o mito de que, "se a escolha da minha filha estiver correta, a minha escolha deve estar errada". Como Carol, às vezes pensamos que as escolhas dos outros precisam estar erradas para que as nossas estejam corretas. Agora você já sabe que isso não é verdade. A vida é totalmente paradoxal. Ela pede que abandonemos a atitude de "tudo ou nada" e adotemos o "ambos".

MITO:

Se eu estiver certo, os outros devem estar errados.

MÁGICA:

A escolha dos outros pode estar certa para eles e minhas escolhas, certas para mim. Quando reverencio novas perspectivas, também amplio minha visão do que é possível para mim.

Quando Carol finalmente foi capaz de aceitar o paradoxo — respeitar a escolha da filha e também a sua —, algo mudou dentro dela. Começou a estender as asas: matriculou-se em alguns cursos e encontrou novos amigos. Ficou mais feliz.

Chegou até a procurar um psicólogo para entender melhor sua maneira de ser e seus sentimentos.

Respeitar o ponto de vista alheio não significa concordar com a escolha daquele indivíduo ou escolher o mesmo. Podemos respeitar as opções alheias e, ao mesmo tempo, reverenciar nosso próprio caminho. Há muito espaço no mundo e no coração para abrigar as duas visões.

AO VALORIZAR OS OUTROS, VALORIZAMOS A NÓS MESMOS

Uma lenda maravilhosa relatada em 1886 pelo romancista russo Léon Tolstói corrobora a lição de que nunca devemos achar que nosso estilo de vida ou maneira de fazer as coisas é melhor; com isso apenas limitamos nossa visão do que é possível para nós. Um dia, um bispo ouviu falar de três eremitas que viviam sozinhos numa ilha e decidiu visitá-los. O barqueiro tentou dissuadi-lo de fazer a visita afirmando ter ouvido dizer que os eremitas eram apenas uns velhos idiotas que não entendiam de nada e jamais pronunciavam uma palavra. O bispo insistiu em ser levado até eles. Como o navio não podia chegar muito perto da ilha, o prelado foi conduzido até a praia em um bote menor. Quando chegou, ele se apresentou aos três velhos eremitas e comunicou que desejava instruí-los.

— Digam-me — disse o bispo —, o que vocês estão fazendo para salvar sua alma e como servem a Deus nesta ilha?

Um dos três respondeu:

— Não sabemos como servir a Deus. Nós só servimos e amparamos a nós mesmos, servo de Deus.

— Mas como vocês rezam? — perguntou o bispo.

— Nós rezamos assim: somos três, somos três, tende piedade de nós.

O bispo sorriu e prosseguiu:

— Vejo que vocês querem agradar a Deus, mas não sabem como servi-lo.

Então, começou a ensinar-lhes a "maneira certa" de rezar, de acordo com as escrituras. Começando pelo "Pai-nosso", o bispo fez os eremitas repetirem a oração várias vezes seguidas. Durante todo o dia ele corrigiu pacientemente todos os erros até que os três aprenderam a prece de cor.

Quando achou que era hora de partir, já estava escuro e a lua tinha surgido. Os eremitas se inclinaram diante do bispo, agradecendo, e ele lembrou-lhes mais uma vez que deviam rezar conforme tinham sido ensinados e, então, entrou no barco. O bote se afastou lentamente da praia em direção ao navio. Quando o bispo subiu a bordo, as velas foram desfraldadas e o barco se afastou mar adentro até que o bispo já não podia mais ver os eremitas e sua pequena ilha.

Subitamente, o bispo percebeu alguma coisa branca e brilhante movendo-se rapidamente em direção ao barco. Ele tentou descobrir exatamente o que via — um pássaro, um barco, um peixe? Então, viu os três eremitas planando sobre a água sem mover os pés. Quando alcançaram o barco, os três homens disseram em uníssono ao assombrado mentor:

— Nós esquecemos seus ensinamentos, servo de Deus. Enquanto continuamos a repeti-lo, nós nos lembramos, mas quando paramos de dizer a prece por algum tempo, esquecemos uma palavra ou outra e agora ela está toda errada. Não conseguimos lembrar mais nada. Por favor, ensine-a novamente.

Humilhado, fazendo o sinal da cruz, o bispo curvou-se sobre a amurada do barco, exclamando:

— Sua própria oração vai chegar ao Senhor, homens de Deus. Não tenho nada para lhes ensinar. Por favor, rezem por nós, pecadores.

Dessa vez, foi o bispo quem se curvou diante dos velhos, que deram meia-volta e flutuaram sobre o mar de volta à sua casa.

Quando não estimulamos os outros a fazer as próprias escolhas e seguir as próprias estrelas, eles não são os únicos a perder. Todos nós perdemos quando, na qualidade de casal, família, organização, grupo de trabalho, comunidade ou nação, esperamos e promovemos o conformismo. Todos perdemos quando não valorizamos as qualidades que os outros nasceram para prodigalizar — porque precisamos dessas qualidades. O emocionante pedido de desculpas, apresentado em 1986 pela Igreja Unida do Canadá aos aborígenes canadenses, demonstra esse sentimento e me faz recordar a mensagem contida na fábula de Tolstói. Uma parte da corajosa e inspiradora declaração propõe: "Bem antes que meu povo viesse para esta terra, seu povo estava aqui, e vocês receberam de seus ancestrais uma visão da criação e do mistério que nos cerca; essa visão era profunda, magnífica e digna de ser preservada. Nós não os escutamos quando vocês nos revelaram sua visão. [...] Nós tentamos fazer vocês iguais a nós, e com isso ajudamos a destruir a visão que fazia vocês serem quem eram. Como resultado, vocês e nós ficamos mais pobres e a imagem do criador em nós está distorcida, nebulosa, e não somos o que Deus desejava que fôssemos. Pedimos seu perdão."

Naturalmente, quando confrontados por críticos, podemos achar difícil deixar de lado a necessidade de julgá-los errados para que possamos estar certos. Nem sempre é fácil lembrar o valor de respeitar os outros quando não nos respeitam. Podemos ficar muito envolvidos na defesa de nosso direito de ser o que somos, transformando-nos naquilo que estamos combatendo — intolerantes e críticos. Tomas descobriu que estava caindo nesse padrão, alimentado por anos de tensão entre ele e seu irmão Felipe. Os dois são extremamente criativos e talentosos, mas ninguém diria que são irmãos.

A julgar pelas aparências, os dois não poderiam parecer ou agir de forma mais diferente. Felipe é um coreógrafo da Broadway bem-sucedido e bem-pago, enquanto Tomas leva uma vida mais simples e calma nas planícies do Oeste, onde trabalha como carpinteiro e, em paralelo, cultiva seus talentos de artista plástico. Nas reuniões de família, Felipe criticava de forma sutil, e às vezes não muito sutil, a falta de dinheiro e sucesso de Tomas. Este, normalmente uma pessoa doce e gentil, entrava numa atitude altamente defensiva quando sentia o amargor da crítica do irmão e por sua vez considerava Felipe superficial e arrogante.

Esse processo já durava algum tempo quando Tomas me falou da situação, queixando-se: "Meu irmão jamais aprovou meu estilo de vida." É claro que havia uma rivalidade implícita entre os dois. Eu também suspeitava de que os irmãos na verdade eram um pouco inseguros com relação ao caminho que tinham escolhido; por essa razão, depreciavam-se mutuamente para se sentirem melhor. Enquanto Tomas continuava a me contar sua história, questionei: "Alguma vez você disse a seu irmão que aceita o estilo de vida escolhido por ele e está feliz porque ele encontrou o sucesso que procurava? Ou você procura fazê-lo sentir que você é melhor do que ele?" Afinal, será que Tomas não estava tratando o irmão da maneira como detestava ser tratado?

Tomas ficou em silêncio por um momento. Depois admitiu: "Acho que fico muito ocupado me defendendo e nunca faço Felipe sentir que tem motivos para se orgulhar." Tomas estava começando a constatar que, embora se sentisse criticado e diminuído pelo rótulo que o irmão lhe atribuía (profissionalmente desqualificado e financeiramente malsucedido), ele também rotulava o irmão de forma igualmente ofensiva (presunçoso e pouco espiritualizado). Estavam num cabo de guerra em que nenhum dos dois largava a corda.

Alguns meses depois, quando tornei a ver Tomas, ele me contou todo animado que acabava de voltar de uma visita aos pais e tinha visto o irmão. Ele tomou a decisão consciente de valorizar as escolhas do irmão, assim como queria ser respeitado pelas próprias escolhas. Em vez de se preparar para reagir às zombarias de Felipe, ele fez um esforço para perguntar como ia sua carreira e de cumprimentá-lo pelas novas realizações. Ainda havia alguma tensão entre eles, mas os dois se harmonizaram como não faziam há muitos anos. Conversando com Tomas percebi que ele estava mais tranquilo sobre as próprias escolhas. O conflito interno já não era tão intenso. Ao dar permissão ao irmão para ser ele mesmo, Tomas se sentia melhor consigo mesmo.

DEIXE O SEU ESPÍRITO CRIATIVO FALAR

Expandir a visão de suas possibilidades, muitas vezes, envolve abandonar expectativas — abandonar o que achamos que os outros devem ser e abandonar as expectativas que temos para nós mesmos. A famosa escritora norte-americana Madeleine L'Engle, que escreveu *A Wrinkle in Time*, refletiu em seu diário que "o ser não é algo estático, embrulhado num lindo pacote e entregue a uma criança, completo e acabado. O ser está sempre *se tornando*".[1] A liberdade de *se tornar* — que presente precioso para dar aos filhos em vez de exigir que, como clones, eles sigam nossos modelos mentais do que devem ser. Que presente precioso para dar a nós mesmos enquanto reverenciamos nosso processo de *nos tornarmos*.

Diretrizes são necessárias e úteis na vida, e todos precisamos delas, mas expectativas rígidas que vão além e acima do cumprimento do dever só nos limitam. Na infância ou na vida adulta, para ouvir o que nossa verdadeira voz nos diz, precisamos de um espaço livre do acúmulo de outras vozes. Quando as vozes exigentes da expectativa são altas demais, já não somos capazes de ouvir essa voz interior e, muito menos, de segui-la.

Em seu trabalho, Abraham Maslow descobriu a extrema importância de nos conectarmos com nossa voz interior. Ele percebeu que os indivíduos psicologicamente fortes e saudáveis são "capazes de ouvir as vozes de seus sentimentos com mais clareza do que a maioria das pessoas." Eles usam critérios internos, em vez de critérios externos, para tomar decisões sobre todas as coisas, desde a alimentação ou o vestuário até questões de valores e de ética. Eles têm clareza sobre o que devem fazer e não devem querer. Infelizmente, segundo Maslow, a maneira como somos criados costuma produzir o efeito oposto.

Maslow afirma que muitos de nós aprendemos a evitar a autenticidade; por conseguinte, ficamos confusos com respeito à nossa voz interior. Somos treinados para ignorar nossos sinais internos e suprimir os sentimentos em vez de manifestá-los. Ele usa o exemplo da criança que afirma detestar espinafre mas tem esse sentimento anulado pela mãe que diz "Nós adoramos espinafre" quando poderia muito bem ter dito "Sei que você não gosta de espinafre, mas precisa comê-lo, por tal ou qual razão".[2]

Se não encorajarmos nossos filhos ou não nos encorajarmos a buscar o contato com nosso conhecimento interior e nossos desejos mais íntimos, com o tempo acabaremos por perder o contato com o espírito interior vital que é a fonte da verdade dentro de nós. Quando não consegue mais respirar, essa parte extremamente sensível e sábia de nós contra-ataca. Se você obedece cegamente às vozes exteriores, não fique surpreso se seu verdadeiro eu criar o caos em seu corpo, mente e emoções para levar sua atenção de volta ao que acontece em seu interior.

Não passe correndo sobre essas informações. Elas são fundamentais. Tendemos a atribuir o estresse e a ansiedade a alguma força inelutável e acelerada da vida moderna. Mas a ansiedade, a depressão, o estresse e a revolta podem ser manifestações externas da tensão que borbulha dentro de nós quando assumimos uma identidade que não é a nossa.

Uma amiga me falou sobre Aaron, um dos colegas de escola do filho dela. Aaron exemplifica essa dinâmica. O adolescente era inteligente, bem-educado e sempre muito bem-comportado. Além de ser o modelo de filho "perfeito", também era excelente em tudo. Ele já tinha reunido uma longa lista de prêmios e realizações em atividades extracurriculares. Os pais e os professores sabiam que ele estava destinado a grandes conquistas. Mas o filho de minha amiga previu que o colega iria se dar mal porque não estava sendo "verdadeiro". Tudo, desde a forma como sorria até a maneira como se vestia e falava com os adultos, era artificial, como se ele interpretasse a vida de outra pessoa e não a própria.

Um ano depois, Aaron deu uma guinada de 180 graus. Ele deixou de tirar notas máximas para ser reprovado em todas as matérias e passou da total obediência para a completa rebelião. Os pais ficaram chocados. Sem perceber, criaram expectativas muito altas que não davam ao filho o menor espaço para ele respirar — nenhum espaço para descobrir do que gostava e o que desejava. Eles tinham criado uma bomba de efeito retardado; o filho precisava explodir, e com força suficiente para romper o molde e descobrir quem era.

De uma forma menos drástica, porém não menos significativa, Lauren, uma mãe solteira de dois adolescentes, rompeu com as limitações de suas expectativas confinadas quando começou a deixar falar seu espírito criativo. Conheci Lauren quando ela me procurou e a meu marido para, na qualidade de conselheiros editoriais, ajudá-la a tornar realidade seu sonho de publicar um livro. Ela era extremamente envolvida com o assunto sobre o qual escrevia e dizia que desejava, no futuro, devotar-se inteiramente a dar palestras e coordenar seminários sobre o assunto. Lauren afirmou não ter muito tempo para o projeto porque era mãe solteira e trabalhava em horário integral. Era uma pessoa entusiasmada, mas, em parte, também era sufocada e frustrada. Ela nos disse que o maior obstáculo em sua vida era o fato de detestar o emprego em que trabalhava e a longa viagem que fazia para chegar ao local de trabalho. As duas coisas eram exaustivas.

Quanto mais trabalhamos com Lauren para descobrir de que forma ela poderia concretizar suas metas de forma realista com os recursos disponíveis, mais ela descobria a própria paixão pelo projeto. Ao mesmo tempo, os segmentos da vida dela que não estavam alinhados com essa paixão se tornavam cada vez mais incômodos. O conflito dentro dela se tornava mais evidente. Pouco tempo depois de começarmos a trabalhar juntos, inesperadamente Lauren anunciou que tinha dado o aviso prévio à empresa e estava se demitindo. Já não conseguia suportar a situação e estava procurando outro emprego.

Isso na verdade foi um bom sinal. Lauren estava dando um passo ousado para conseguir uma mudança muito necessária. Desafiava a velha crença de que, mesmo se sentindo infeliz, precisava trabalhar naquele emprego, porque não tinha outra opção. Talvez você esteja pensando, como de início eu pensei, que Lauren teria que parar de trabalhar em seu livro. Em vez disso, ela abandonou outra premissa que a limitava: "Ou trabalho em meu emprego ou vou atrás de minha verdadeira paixão." Ela aceitou o paradoxo e fez as duas coisas. Nos intervalos entre procurar emprego e trabalhar meio período, Lauren continuou a dar andamento ao projeto do livro. Sua meta de longo prazo era preparar uma boa proposta de livro para enviar às editoras. Enquanto isso, começou a criar um livro eletrônico com o material. Sua energia era incrível. Ao estabelecer contato com sua voz interior e livrar-se de premissas obsoletas, libertou uma grande energia reprimida que passou a canalizar para realizar seus sonhos.

Lauren não era desprovida de espírito prático. Sabia que, naquele momento, não podia se dar o luxo de dedicar-se somente ao projeto, mas não aceitou ficar presa a uma atitude de tudo ou nada. Em vez de se fechar face ao desafio profissional e deixar sua paixão morrer à míngua, alimentou-a um pouquinho a cada semana. Assim, como tudo o que alimentamos, a paixão ficou mais saudável e mais forte. Você tem a mesma opção. Pode se conformar com o que considera factível ou pode romper com essa atitude, ouvir seu espírito interior e redefinir suas possibilidades.

ESTABELECER A CONEXÃO E CONFIAR EM SI MESMO

Cada um de nós tem uma maneira própria de estabelecer contato e manter a conexão com o espírito interior, ouvindo sua verdadeira voz. Para mim, passear na natureza, onde tudo é autêntico, imediatamente me reconecta com meu verdadeiro ser. Alguma vez você viu um pé de lilás tentando ser uma macieira ou uma formiga fingindo ser abelha? Alguns preferem recuperar essa conexão por meio de alguma forma de reflexão, meditação ou prece, enquanto outros usam ioga ou trabalham com sonhos. Não importa que ferramenta você use para abrir um espaço que lhe permita ouvir sua voz interior. O importante é usar o que funciona para você, sempre que precisar.

Uma amiga minha usa os sonhos para ajudá-la a entrar em contato com seu guia interior. Essa não é uma história sobre a técnica que ela emprega, pois o que funciona para uma pessoa nem sempre funciona para todos. O que estou contando é como o fato de estabelecer contato com a voz interior mudou a vida dela. Durante anos Michele foi secretária executiva, mas já não gostava desse tipo de trabalho. Agora estava interessada em design gráfico. Assistiu a algumas aulas de design, era muito talentosa e tinha até mesmo feito algum trabalho como autônoma. Sentia forte impulso para se dedicar a esse campo, mas tinha pouca experiência de vida e estava insegura. Portanto, em vez de mudar as expectativas e procurar chegar mais perto de realizar seus desejos, abandonou o emprego de secretária executiva e aceitou outro emprego, fazendo a mesma coisa em uma nova empresa. Na véspera de começar no novo trabalho, Michele começou a sentir ansiedade. Antes de se deitar, pediu que um sonho mostrasse o motivo daquele sentimento. Durante a noite, sonhou que caminhava em torno de uma fogueira de acampamento, repetindo: "Ainda não quero perder minha alma. Ainda não quero perder minha alma."

Na manhã seguinte, ao recordar o sonho, achou que ele parecia dramático demais. "Talvez essa não seja uma mensagem da minha alma", pensou. Ela se convenceu que o sonho era apenas um reflexo do nervosismo natural de quem vai começar em um novo emprego. Dez meses depois, porém, tinha voltado ao ponto de partida. Tinha dificuldade para dormir e detestava sair da cama de manhã para ir ao trabalho. Estava entediada e infeliz. Quando começou a ter graves dores de cabeça, Michele soube que precisava ouvir o que seu espírito há muito tempo tentava lhe dizer. Decidiu largar o emprego duas semanas depois, mesmo que não tivesse outro em vista. E prometeu jamais tornar a se candidatar a um emprego que sabidamente não lhe daria satisfação.

Alguns dias após tomar essa decisão, uma coisa surpreendente aconteceu: Michele recebeu um telefonema do ex-professor de design perguntando se ela estava livre para ajudá-lo em alguns trabalhos autônomos que poderiam se transformar num emprego regular. Agora ela podia fazer o trabalho que adorava e ser treinada no emprego. No entanto, foi preciso mais uma coincidência para que ela se convencesse de ter tomado a decisão correta. Depois de um mês trabalhando como autônoma, recebeu oferta de um emprego em tempo integral para administrar o escritório de uma escola de arte. Da última vez que procurou emprego, tinha se candidatado a trabalhar naquela escola. Diante dessa nova opção, as velhas dúvidas ressuscitaram. A lógica lhe dizia que o trabalho autônomo não era garantido e essa nova oferta dava mais segurança. Michele ficou confusa. Pediu que outro sonho a ajudasse a decidir.

Dessa vez sonhou com um peixe dourado que projetava a cabeça para fora d'água. No sonho, precisava empurrar a cabeça do peixe para dentro d'água para mantê-lo a salvo e vivo. Ao me contar essa história, Michele revelou: "Para mim, a mensagem era clara: se aceitasse o novo emprego, eu me sentiria como um peixe fora d'água." Aquele tipo de trabalho simplesmente já não servia mais para ela.

MITO:

A lógica e a análise prática me mostrarão a verdade.

MÁGICA:

A lógica tem seu lugar, mas para tomar as melhores decisões também preciso ouvir minha voz interior e confiar em mim.

O sonho afirmava o que ela já sabia — se não seguisse os impulsos interiores, passaria mais dez meses e depois mais dez anos insatisfeita e infeliz. A lógica, certamente, tem seu lugar, mas é apenas um lado do paradoxo. Para tomar as melhores decisões também precisamos respeitar nosso espírito criativo e confiar em sua orientação.

Na base das dúvidas de Michele estava outro padrão com que consigo me relacionar, e talvez você também consiga. Ao lado da voz do nosso verdadeiro ser está uma voz que tenta nos convencer de que, se cometermos um erro ou deixarmos passar a oportunidade, nunca teremos outra chance. Ela nos diz que se não agarrarmos a chance, agora, nos arrependeremos pelo resto da vida. Isso dificilmente acontece. Aquelas vozes assustadoras que gritam "última chance, última chance" são tão estúpidas quanto aqueles comerciais que anunciam a "última chance de economizar", como se nunca mais fôssemos encontrar uma liquidação de cortinas, louças ou roupas de grife. Michele, agora, sabe que dar atenção à voz assustadora levou-a a dar passos numa direção que não era certa para ela. No entanto, ela diz: "Meus sentimentos verdadeiros e minha intuição *jamais* me enganaram."

Quanto mais praticarmos escutar nossa verdadeira voz, mais hábeis ficaremos em distinguir essa voz de nossos medos. No meu processo pessoal de aprender a prestar atenção a minha verdadeira voz interior descobri que ajuda muito, literalmente, *escutar minha voz* — escutar *como* estou falando e não o que estou dizendo. Usamos essa habilidade o tempo todo para compreender os outros. Sabemos que uma amiga está perturbada ou nervosa quando a voz dela falha. Sabemos que nossos filhos estão felizes quando estão animados e falam depressa. Se telefonarmos para nossos pais e ouvirmos uma voz desanimada do outro lado da linha, saberemos que algo está errado. Não são as palavras que dizem isso; é a expressão na voz. O tom da voz diz tudo.

Embora estejamos habituados a ler os outros dessa maneira, podemos ficar envolvidos com o que acontece ao nosso redor, esquecendo-nos de ouvir a nós mesmos. No entanto, é exatamente isso o que nos fornece pistas valiosas para voltarmos ao caminho certo. Por exemplo, se você se surpreender falando de maneira irritada, impaciente ou cansada, provavelmente está na hora de perguntar: "O que estou sentindo e o que posso fazer para me respeitar neste momento?" Se sua voz soar preocupada ou frenética, isso pode ser um sinal de que você precisa reduzir o ritmo e recuperar o contato com o momento presente, em vez de deixar que medos e especulações sobre o futuro o façam perder o controle. Sua voz lhe envia mensagens valiosas se você prestar atenção a elas — e não somente nos maus momentos. Quando escutar aquele tom de excitação em sua voz ou quando se ouvir assobiar ou cantarolar alegremente, tome nota: o que você está fazendo ou pensando para que seu coração cante? Repetir aquela ação pode trazer mais alegria à sua vida.

COMPROMETER-SE COM O QUE É IMPORTANTE

O que seu espírito criativo lhe diz? Você está em contato com o que o deixa feliz por estar vivo? Você está sendo honesto quanto ao que sua voz interior lhe diz e assume o compromisso de ser fiel a essa voz? Esse tipo de honestidade mudou da noite para o dia a vida de uma mulher que conheci há vários anos. Durante muito tempo, Jan viveu na Flórida para ficar perto da família. Adorava morar ali, mas as coisas mudaram muito depois que ela chegou. Aquela era uma das regiões mais tumultuadas e que mais cresciam no estado. Ter que abrir caminho em meio a um tráfego pesado todo dia era um ritual que ela passou a detestar. Jan se sentia obrigada a ficar perto dos pais idosos, mas estava pagando o preço de viver num ambiente que não lhe agradava.

Um dia, num momento de suprema frustração, a voz interior de Jan, que estivera sufocada pelo ruído e pela atividade frenética da sua vida, conseguiu chegar-lhe à percepção consciente. Estava mais uma vez presa no trânsito, recitando amargamente a costumeira litania de queixas, quando ouviu a própria voz dizendo bem alto: "Se me restassem somente seis meses de vida, para onde eu iria, e o que faria?"

No mesmo instante soube a resposta. Seu lugar preferido em todo o mundo era Montana, onde passou férias com os pais todo verão durante muitos anos. "Era lá que eu estaria se tivesse apenas seis meses para viver! O que estou esperando?" Naquele clarão de consciência, Jan subitamente percebeu que estivera vivendo a mentira de que "podia esperar pelo amanhã para ser feliz", o que é outra maneira de dizer "posso esperar para ser eu".

É claro que ouvir a verdadeira voz interior não significa abandonar os deveres para com os outros e agir de forma irresponsável. O paradoxo de dar e receber pede que equilibremos os dois fatores. Jan sabia disso. Ela estava muito consciente da obrigação para com os pais e não se mudou sem verificar e estar certa de que os pais ficariam bem sem ela. (Cinco anos mais tarde, quando os pais precisaram de ajuda, Jan respeitou a volta do pêndulo que a levava para o outro lado do paradoxo e prontamente voltou à Flórida para cuidar deles.)

MITO:

Posso esperar pelo amanhã para ser eu.

MÁGICA:

Posso equilibrar minhas responsabilidades com o que meu espírito interior me diz para fazer. Nenhum momento é melhor do que agora para criar a vida que desejo.

Quando Jan contou aos pais que desejava viver em Montana, viram que a filha precisava desesperadamente dessa mudança. Eles lhe disseram que ficariam muito felizes em deixá-la morar na pequena casa de veraneio que tinham lá, até que encontrasse um lugar definitivo. Não demorou muito para que as engrenagens da mudança começassem a girar. Embora achasse que teria dificuldade para encontrar um emprego em sua profissão na pequena cidade para onde ia, Jan rapidamente encontrou um emprego bem perto. Ficou surpresa por ver com que facilidade tudo dava certo. Porém, quando estava acabando de planejar a mudança, teve outra surpresa. Conheceu Randy, e se apaixonou perdidamente por ele.

Será que isso era mais uma armadilha cruel do destino? Acho que não. Já vi vezes sem conta, na minha vida e na vida de outras pessoas, que quando nos alinhamos com nosso verdadeiro ser automaticamente atraímos mais do que merecemos e precisamos. Acredito que Jan e Randy se encontraram precisamente porque ela havia decidido escutar e obedecer a sua voz interior.

Diante do que poderia rapidamente se transformar num relacionamento sério, Jan estava decidida a permanecer fiel a si mesma, mudando-se para um lugar onde pudesse ser feliz. Percebendo que talvez nunca mais visse Randy, ela relutantemente disse a ele que ia manter seu projeto de deixar a Flórida. Sem pensar duas vezes, ele respondeu: "Vou com você." Pouco depois de os dois se mudarem para Montana e se casarem, outro sonho de Jan se realizou — ela ficou grávida.

A transformação na vida de Jan começou com uma simples pergunta — "Se me restassem apenas seis meses de vida, para onde eu iria e o que faria?" — e com sua resposta igualmente simples. Sempre que nos dispomos a perguntar o que é melhor para nós e ouvimos com atenção a resposta que vem espontaneamente do coração, respeitamos nossa verdadeira voz. Você está celebrando quem é, e isso nunca deixa de criar uma bela reação em cadeia.

BRINCAR COM O PARADOXO E DISTRIBUIR SUAS DÁDIVAS

Assim como um porteiro nos pede para dizermos a palavra mágica que fará abrir-se a porta que nos deixará passar, a vida sempre nos pede a solução de mais um enigma para que possamos concretizar nossa próxima realização. Muitas vezes, esse enigma surge na forma de um paradoxo cujas verdades aparentemente contraditórias nos desafiam a mudar nossa maneira de ser e de ver. Como vocês já sabem, o paradoxo pretende nos ensinar que a vida raramente apresenta escolhas precisas do tipo "isto" ou "aquilo". O paradoxo pede que aceitemos "isto" e "aquilo", de modo a expandirmos nossa capacidade de dar e receber.

Não é preciso procurar muito pelo paradoxo que criará sua próxima realização. Ele está bem à sua frente, embutido no meio daquele aspecto doloroso de sua vida. Por exemplo, se para você é impossível dizer não, mesmo que dizer sim seja exaustivo, a vida o fará descobrir que o remédio para isso está na direção inversa — definir bons limites e aceitar o paradoxo de que dizer não nos capacita para continuar a dizer sim. Se você só se focaliza nas metas de longo prazo, a vida o segurará pelos ombros, fará você dar meia-volta e olhar diretamente nos olhos de uma pessoa amada onde não poderá deixar de ver que o momento presente é igualmente importante. Se você se apega ao conceito de que sua felicidade depende do que alguém diz ou faz, em algum momento a vida o libertará para que possa aprender finalmente a confiar em si. E assim por diante.

Saber que a vida é uma série de paradoxos travestida em roupas do dia a dia não faz as tensões desaparecerem — elas são inevitáveis. No entanto, o sentimento de luta que experimentamos quando encaramos essas tensões é evitável. O excesso de tensão e pressão resulta de nos apegarmos a um só lado do paradoxo. Passar tempo demais inclinado para a direita ou para a esquerda só resulta numa meia-vida. Se você deseja uma vida plena, precisa aceitar o paradoxo. *Encontre o paradoxo em jogo, dizem os sábios, e brinque com ele. Abra as portas do coração e você expandirá sua visão de possibilidades.*

Querendo ou não, somos todos alunos na arte de dar e receber. Nessa sala de aula, o paradoxo essencial é "Como posso honrar a mim mesmo *e também* honrar os outros? Como equilibrar o que os outros precisam com o que eu preciso? Como posso dar *e também* receber?". Em última análise, os atos de reverenciar os outros e reverenciar-se, como todos os componentes de um bom paradoxo, estão indissoluvelmente unidos. Cada componente pode assumir a dianteira em determinado momento, mas um não existe sem o outro, e essa é a chave da questão. Como analisamos no início dessa jornada pelos paradoxos, honrar a si mesmo não é uma atitude egocêntrica. Quando você honra a si mesmo, dá origem ao melhor de si, podendo então doar-se criativa e abundantemente aos outros. Por outro lado, igualmente importante é o fato de que, ao doar aos outros, você também honra a si mesmo. Reverencia o que o coração foi criado para fazer. Honra sua razão de ser.

Como posso dar origem ao melhor de mim? O que posso fazer para ter o mais profundo respeito por mim, de modo a distribuir minhas dádivas de forma criativa e abundante? Estas são as perguntas que se ocultam embaixo, em cima e em torno de todas as outras perguntas que podemos nos fazer. Uma coisa é certa: para se reverenciar plenamente você precisa parar de se esconder atrás do sacrifício, do medo e da dúvida e começar a festejar quem você é. Precisa parar de adiar a busca por seu potencial e começar a distribuir suas dádivas de uma forma que lhe cause entusiasmo.

Quando manifestamos a paixão que emana de nosso espírito criativo a mágica se desdobra diante de nossos próprios olhos. Não damos porque temos que dar e não damos porque alguém precisa de nossas dádivas. Doamo-nos porque fomos feitos para isso. Porque não podemos fazer outra coisa. Porque nossa taça está transbordando. Fui inspirada e motivada a escrever este livro porque sabia que podia ajudar muita gente com o que estava aprendendo em minha própria vida, às vezes pela dor e outras vezes pela alegria. Mas também escrevi porque preciso escrever — porque nasci para isso.

O que você nasceu para fazer? Que qualidades ou talentos são sua contribuição especial para o mundo a seu redor? E de que forma você está distribuindo suas dádivas? Cada um de nós dará uma resposta diferente a estas perguntas. O que você dirá? As variedades são infinitas: nasci para ensinar; nasci para mostrar aos outros como é importante a gratidão quando se encara uma tragédia; minha dádiva é ajudar as pessoas a ficarem bonitas e crescer em autoconfiança; nasci para cuidar e curar; minha dádiva é mostrar como a compaixão, mesmo nas menores coisas, pode mudar a vida dos outros; nasci para organizar e liderar; para trazer alegria e risos onde quer que eu vá; para ajudar os outros a se expressarem e prodigalizar seus dons especiais.

Qual é a qualidade do coração que você deve compartilhar com os outros, não só para ajudá-los ou para obter retribuição, mas porque não pode evitar fazê-lo? Resposta: o que você é. O que faz você sorrir e acende seu coração. Quando está em contato com esse anseio profundo que só você pode expressar, suas prioridades mudam. Você já não está no final da fila e as dádivas que nasceu para distribuir não estão mais sufocadas. Quando o fogo dentro de você cresce, você percebe que só existe uma maneira de distribuir seus dons: honrar a si mesmo — todo santo dia. Porque, na verdade, *você é a dádiva.*

AGRADECIMENTOS

O que somos e o que criamos em determinado momento é na verdade a celebração de tudo o que aconteceu antes. Portanto, não há aqui espaço suficiente para agradecer a todas as pessoas que em minha vida me ajudaram a me tornar quem eu sou. No entanto, seria negligente se não manifestasse minha profunda gratidão a meus pais maravilhosos, meus avós preciosos e minhas irmãs esplêndidas por seus corações amorosos e por me ensinarem como me doar de todo o coração.

Também ofereço meus agradecimentos e toda a minha gratidão àqueles que estiveram comigo e me apoiaram no processo de dar à luz este livro: a Theresa McNicholas, Lee Fogarty, Chris Kelley, Molly Maguire, Gabriel Wilmoth, Tina Knowles, Teresa Masterson, Marie Antoinette Kelley e Tony Proe, pelas valiosas críticas quando o manuscrito estava tomando forma e por me incentivarem. A Roger Gefvert pelo inspirado projeto de capa e a James Bennett pela bela diagramação; ambos capturam o espírito e a visão deste trabalho. A Murray Steinman, Nilsa Abreu e Brook Montagna pelo apoio, amizade e estímulo e por me ajudarem a reverenciar os finais para poder receber os novos começos. Aos amigos e conhecidos que encontrei ao longo da vida por me contarem as histórias que ilustraram as lições deste livro. Aos sábios das tradições do mundo, passadas e presentes, por abrirem o coração com tanta generosidade e oferecerem a todos nós sua sabedoria, experiência e bom-senso espiritual. Finalmente, a meu marido, Nigel J. Yorwerth, não só pelos conselhos especializados e pela dedicação apaixonada como meu agente literário, mas também pela entusiástica fé em mim, pela amizade e pela inspiração do seu amor. E a Elizabeth Clare Prophet, por me ensinar, amar e mostrar o que é a coragem — e também por expandir, expandir sempre minha visão das possibilidades. Profunda gratidão a todos. Reverencio seus corações.

NOTAS

Capítulo 2 Em busca do equilíbrio

1. Nikos Kazantazakis, *Zorba the Greek*, [*Vida e proezas de Aléxis Zorbás*, publicado no Brasil pela Grua Livros, 2011], trad. Carl Wildman (Nova York: Simon & Schuster, 1952), 34.
2. Madre Teresa de Calcutá, *In the Heart of the World: Thoughts, Stories & Prayers*, [Madre Teresa – *No coração do mundo*, publicado no Brasil pela Ediouro, 1998], ed. Becky Benenate (Novato, CA: New World Library, 1997), 20-21.
3. Madre Teresa de Calcutá, *Everything Starts from Prayer: Mother Teresa's Meditations on Spiritual Life for People of All Faiths*, ed. Anthony Stern (Ashland, OR: White Cloud Press, 2000), 29.
4. The Book of Thomas the Contender em James M. Robinson, ed., *The Nag Hammadi Library in English*, [*A biblioteca de Nag Hammadi*, publicado no Brasil pela Editora Madras, 2007], edição revista (Nova York: HarperCollins, 1988), 201.
5. Daniel C. Matt, *The Essential Kabbalah: The Heart of Jewish Mysticism* [*O essencial da Cabala*, publicado no Brasil pela editora Best*Seller*], (Nova York: HarperCollins, 1995), 127.

Capítulo 3 Definir limites

1. Rich Karlgaard, "Peter Drucker On Leadership", *Forbes.com*, 19 de novembro de 2004, http://www.forbes.com/2004/11/19/cz_rk_1119drucker.html.
2. Rob Stein, "Study Confirms That Stress Helps Speed Aging", Washingtonpost.com, publicado em MSNBC, 30 de novembro de 2004, http://www.msnbc.msn.com/id/6613721/
3. Carol S. Pearson, *The Hero Within: Six Archetypes We Live By* [*O herói interior*, publicado no Brasil pela Editora Cultrix, 94], (Nova York: HarperCollins, 1989), 53.

4. Ibid.
5. Alan Watts, *What Is Zen?*, [O que é Zen?, publicado no Brasil pela Verus Editora, 2009], em *Eastern Wisdom* (Nova York: MJF Books, 2000), 53.

Capítulo 4 Aceitar ajuda e voar solo

1. *New Era Community* (Nova York: Agni Yoga Society, 1951), 3.
2. Thich Nhat Hanh, *Living Buddha, Living Christ* (Nova York: Riverhead Books, 1995), 63-64.
3. Kahlil Gibran, *The Prophet* [*O profeta*, publicado no Brasil pela L&PM, 2001], (Sydney: Phone Media), 15-16.

Capítulo 5 Melhor do que maior

1. Erich Fromm, *The Art of Loving* [*A arte de amar*, publicado no Brasil pela Editora Itatiaia, 1995], (Nova York: HarperCollins, 2000), 21-22.
2. Bhagavad Gita 9:26 na tradução de Juan Mascaro, *The Bhagavad Gita* [*Bhagavad Gita – a canção do Senhor*, publicado no Brasil pela Editora Teosófica, 2011], (Nova York: Penguin Books, 1962), 82.

Capítulo 6 O que dar e quando dar?

1. Khalil Gibran, *The Prophet* [*O profeta*, publicado no Brasil pela L&PM, 2001], (Sydney: Phone Media), 20.
2. Malcolm Muggeridge, *Something Beautiful for God* (São Francisco: Harper & Row, 1971), 74-75.
3. Prabhavananda, *The Eternal Companion: Brahmananda, His Life and Teachings* (Hollywood: Vendanta Press, 1970), 73-74.
4. Thomas Cleary, trad. e ed., *Vitality, Energy, Spirit: A Taoist Sourcebook* (Boston: Shambhala Publications, 1991), 233.

Capítulo 7 A mágica da circulação

1. Thomas A. Harris, *I'm OK – You're OK: A Practical Guide to Transactional Analysis* [*Eu estou ok você está ok*, publicado no Brasil pela Editora Record, 1995], (Nova York: Harper & Row, 1969), 141.
2. David G. Myers, *Exploring Psychology: Sixth Edition in Modules* [*Explorando a psicologia*, publicado no Brasil pela Editora LTC, 2003], (Nova York: Worth Publishers, 2005), 442-443; David G. Myers, "Wealth, Well-

Being, and the New American Dream", *Enough!* (verão de 2000), 5-6. Ver também David G. Myers, *The Pursuit of Happiness: Discovering the Pathway to Fulfillment, Well-Being, and Enduring Personal Joy* (Nova York: HarperCollins, 2002).
3. David G. Myers, "Pursuing Happiness", *Psychology Today*, julho/agosto 1993, 32-35, 66-67.
4. Jean Chatsky, *You Don't Have to Be Rich: Comfort, Happiness, and Financial Security on Your Own Terms* (Nova York: Porfolio, 2003).
5. Arthur C. Brooks, "Giving Makes You Rich", *Condé Nast Portfolio*, novembro 2007.
6. Tao Te Ching 81.
7. Timóteo, 1, 6:10.
8. Bhagavad Gita 3:11-12.

Capítulo 8 Com os olhos bem abertos

1. Ver Jack Kornfield e Christina Feldman, eds., *Soul Food: Stories to Nourish the Spirit and the Heart* (São Francisco: HarperSanFrancisco, 1996), 274-275.
2. Adaptação de *The Gospel of Buddha*, compilado por Paul Carus (Oxford: Oneworld Publications, 1994), 167-168.

Capítulo 9 Ser honesto sobre seus sentimentos

1. Rabindranath Tagore, *Stray Birds* [*Pássaros perdidos*, publicado no Brasil pela Editora Paulus, 1991], (Nova York: The Macmillan Company, 1916).
2. Swami Vivekananda, *Jnana-Yoga*, ed. rev. (Nova York: Ramakrishna-Vivekananda Center, 1982), 286.
3. Jeffrey Brantley, *Calming Your Anxious Mind: How Mindfulness and Compassion Can Free You From Anxiety Fears, and Panic* [*Desacelere! – como a autoconsciência pode libertar você da ansiedade, do medo e do pânico*, publicado no Brasil pela Editora Campus, 2008], (Oakland: New Harbinger Publications), 105, 153.
4. Ibid., 154.

Capítulo 10 Quando o caminho chega ao fim

1. Diane K. Osbon., ed., *Reflections on the Art of Living: A Joseph Campbell Companion* (Nova York: HarperPerennial, 1991), 298.

Capítulo 11 Deixar o fardo para trás e voar

1. Harold S. Kushner em Simon Wiesenthal, *The Sunflower: On the Possibilities and Limits of Forgiveness*, ed. rev. (Nova York: Schocken Books, 1997), 176, 177.
2. Mark L. Prophet e Elizabeth Clare Prophet, *Saint Germain On Alchemy: Formulas for Self-Transformation* [*A alquimia de Saint Germain*, publicado no Brasil pela Editora Nova Era, 2007], (Corwin Springs: Summit University Press), 296.
3. Charlotte vanOyen Witvliet, Thomas E. Ludwig, Kelly L. Vander Laan, "Granting Forgiveness or Harboring Grudges: Implications for Emotion, Physiology, and Health", *Psychological Science* 12, nº 2 (2002): 117-123; Giacomo Bono e Michael E. McCullough, "Positive Responses to Benefit and Harm: Bringing Forgiveness and Gratitude into Cognitive Psychotherapy", *Journal of Cognitive Psychotherapy* 20, nº 2 (2006); James W. Carson, Francis J. Keefe, Veeraindar Goli, Anne Marie Fras, Thomas R. Lynch, Steven R. Thorp e Jennifer L. Buechler, "Forgiveness and Chronic Low Back Pain: A Preliminary Study Examining the Relationship of Forgiveness to Pain, Anger, and Psychological Distress", *The Journal of Pain* 6, nº 2 (2005), 84-91.

Capítulo 12 Sua sonoridade inata

1. Henrik Ibsen, *Peer Gynt*, trad. R. Farquharson Sharp, ato 5, cena 3. [*Peer Gynt*, trad. Ana Maria Machado, publicado no Brasil pela Editora Scipione, 1997].
2. Teresa de Ávila, *The Interior Castle* (Londres: Fount, 1995), 192.
3. Viktor E. Frankl, *Man's Search for Meaning: An Introduction to Logotherapy*, 3ª ed. (Nova York: Simon & Schuster, 1984), 145, 113.
4. Thomas Merton, *No Man Is an Island* [*Homem algum é uma ilha*, publicado no Brasil pela Verus Editora, 2003], (San Diego: Harcourt, 1983), 122.

Capítulo 13 Caminhar com os próprios pés e no próprio ritmo

1. Os ensinamentos de Silvanus em *The Nag Hammadi Library in English*, [*A biblioteca de Nag Hammadi*, publicado no Brasil pela Editora Madras, 2007], 390.
2. Lucas 17:21; O Evangelho de Tomé 3 em *The Nag Hammadi Library in English* [*A biblioteca de Nag Hammadi*, publicado no Brasil pela Editora Madras, 2007], 126.

3. The Gospel of Thomas 70 em Marvin Meyer, trad., *The Gospel of Thomas: the Hidden Sayings of Jesus* [O Evangelho de Tomé, publicado no Brasil pela Editora Imago, 2001], (Nova York: HarperCollins, 1991), 53.
4. Imam Muhammad Al-Ghazali, *The Alchemy of Happiness*, trad. Claud Field.
5. Bhagavad Gita 3:35 em trad. de Juan Mascaro, *The Bhagavad Gita* [*Bhagavad Gita – a canção do Senhor*, publicado no Brasil pela Editora Teosófica, 2011]. 59.
6. Neste capítulo todas as citações de Emerson são do ensaio "Self-Reliance".

Capítulo 14 Cada vez mais glorioso

1. Rabindranath Tagore, *Sadhana: the Realization of Life* [*Sadhana – o caminho da realização*, publicado no Brasil pela Editora Paulus], (Nova York: The Macmillan Company, 1916), 412. 2.
2. Thomas Merton, *New Seeds of Contemplation* [*Novas sementes de contemplação*, publicado no Brasil pela Editora Fissus, 1999], (Nova York: New Directions, 1972), 31, 32.
3. The Gospel of Truth em *The Nag Hammadi Library in English*, [O evangelho da verdade em *A biblioteca de Nag Hammadi*, publicado no Brasil pela Editora Madras, 2007], 47.
4. Abraham H. Maslow, *The Farther Reaches of Human Nature* (Nova York: Penguin, 1993), 34-35.
5. Marianne Williamson, *A Return to Love* [*Um retorno ao amor*, publicado no Brasil pela Editora Best*Seller*, 1992], (Nova York: HarperPerennial, 1996), 191.
6. Bhagavad Gita 3:8 e 18:48 em Juan Mascaro, trad., *The Bhagavad Gita*, [*Bhagavad Gita – a canção do Senhor*, publicado no Brasil pela Editora Teosófica, 2011], 56, 119.
7. Jonathan Star, trad., *Rumi: In the Arms of the Beloved* (Jeremy P. Tarcher/ Putnam: 1997), 70.

Capítulo 15 Ampliar a visão do que é possível

1. Madeleine L'Engle, *A Circle of Quiet* (Nova York: HarperCollins, 1972), 32.
2. Abraham H. Maslow, *The Farther Reaches of Human Nature*, 176-177.

PATRICIA SPADARO é uma escritora premiada. Também é coautora de diversos livros de sucesso sobre desenvolvimento pessoal e espiritualidade prática. Seus livros foram traduzidos para 18 idiomas em mais de 25 países. Patricia também é escritora freelancer, editora-executiva e conselheira editorial, tendo ajudado muitos escritores de sucesso a publicar e vender seus trabalhos. Vive com o marido em Bozeman, Montana. Para mais recursos, inclusive um guia de estudo deste livro, destinado a grupos de leitura, visite HowtoHonorYourself.com.

Este livro foi composto na tipologia Adobe GaramondPro,
em corpo 11,5/15,8, e impresso em papel off-white 80g/m²
no Sistema Cameron da Divisão Gráfica
da Distribuidora Record.